LA NOUVELLE SOCIÉTÉ SUCRIÈRE
DE LA COMOÉ
AU BURKINA FASO

QUESTIONS ALIMENTAIRES ET GASTRONOMIQUES
Collection dirigée par Kilien Stengel,
ancien professionnel des secteurs alimentation et gastronomie, enseignant et chercheur de l'université de Tours spécialisé sur le fait culinaire et œnologique

Cette collection d'ouvrages culturels, économiques, historiques, sociologiques, anthropologiques, ou techniques, contribue aux progrès de la recherche et de la réflexion sur les cultures alimentaires et gastronomiques. Ouverte sur le monde, elle permet de mieux comprendre les rapports entre l'homme et son alimentation. Ici, il n'est pas seulement question de cuisine, on se positionne à la frontière de ce qui rapproche ou sépare l'alimentation de la gastronomie, les représentations du bon et du bien-manger, le patrimoine et l'authenticité, le terroir et les identités alimentaires. Autant d'imaginaires qui hantent nos assiettes, comme nos verres.

Dernières parutions

Olivier BORNEUF, *Le temps d'un vin*, 2025.
Oudah YOBOM, *Nourrir le Sahel aujourd'hui et demain. Politiques, stratégies et innovations*, 2025.
Corentin DELON, *L'avenir de la culture viticole française : entre tradition et réglementation*, 2025.
Christophe RABU, *Les grands chefs cuisiniers et leur temps. Le goût de l'Histoire du Moyen Âge à nos jours*, 2024.
Mohamed SADOUD, *Perception de la viande rouge par le consommateur algérien*, 2024.
Kilien STENGEL, *Souvenirs proustiens. Nouvelles gastronomiques*, 2024.
Kilien STENGEL (introduction), *Le livre des Classiques de la table de Julien Lemer*, 2024
Abel Alexis LOUIS, *Le goût de l'ivresse en Martinique. Le vin des élites, l'élite des vins 1880-1910*, 2024.
Han HUYNH, *Cognac, Un alcool de terroir dans le Monde*, 2024.
Edgar CRUZ DELGADO, *L'influence de la gastronomie française sur la cuisine mexicaine. Pendant le* Porfiriato *(1876-1911)*, 2024.

Thomas-Frank Bancé

LA NOUVELLE SOCIÉTÉ SUCRIÈRE DE LA COMOÉ AU BURKINA FASO

Un patrimoine industriel à valoriser

Préface d'Ana Cardoso de Matos

L'Harmattan

5-7, rue de l'Ecole-Polytechnique, 75005 Paris
http://www.editions-harmattan.fr
ISBN : 978-2-336-46406-0
EAN : 9782336464060

Préface

Cet ouvrage, consacré à la *Société sucrière du Burkina Faso (SN SOSUCO),* est une adaptation littéraire du mémoire de master réalisé par Thomas Bancé dans le cadre du master Erasmus Mundus TPTI de l'Université d'Évora[1]. L'auteur y propose un aperçu historique inédit de cette entreprise, dès sa création en 1965 à nos jours, tout en balisant les principales étapes de son évolution.

Le premier chapitre porte sur la mise en route et l'essor de ce complexe agro-industriel situé dans la région des Cascades, entre les communes de Bérégadougou et de Banfora. Une telle localisation géographique a été conditionnée par deux facteurs : l'environnement naturel favorable et la main-d'œuvre disponible. Cette compagnie sucrière a acquis une valeur patrimoniale certaine tant grâce à ses biens matériels, tels que les bâtiments industriels, les machines et les outils spécifiques accumulés au fil des ans, qu'à son patrimoine immatériel de savoir-faire, de traditions et de culture d'entreprise. Cette considération a convaincu l'auteur de ce livre de l'importance d'inscrire ce complexe industriel sur la liste du patrimoine culturel du Burkina Faso.

La démarche de l'auteur a ceci d'intéressant qu'il adopte une approche intégrée des différents éléments qui composent le complexe sucrier du Burkina Faso, à savoir ses espaces culturels et ses différents lieux de production. S'agissant des espaces agraires, l'étude se concentre sur la répartition des terres utilisées pour la culture de la canne à sucre et sur le système d'irrigation, essentiel pour garantir les bonnes récoltes. Quant aux lieux de la production industrielle, l'auteur offre une description analytique détaillée des différents bâtiments et équipements de l'usine, ainsi que des espaces destinés à loger les travailleurs. Il explore ensuite le processus de production du sucre et l'organisation du travail et de la commercialisation du produit final, et l'impact du développement de cette culture sur les populations locales qui ont vu leurs terres expropriées. Ainsi, la logique même de la recherche a

[1] Ce mémoire a été validé par un jury international qui lui a attribué la note de 19/20.

conduit l'auteur à porter un regard critique sur l'implantation de cette entreprise dans la région de Bérégadougou en interrogeant les retombées ambivalentes de sa présence et de son fonctionnement sur la société et l'économie locale. Car en effet, d'un côté, elle a contribué à l'essor économique de la région et à l'amélioration des technologies agricoles, mais de l'autre côté, le développement de l'entreprise a généré de nombreux problèmes environnementaux et a entrainé des changements socioculturels pas toujours positifs.

L'intérêt croissant des historiens pour les aspects historiques et patrimoniaux des entreprises et pour le rôle heuristique qu'ils peuvent jouer dans la promotion des entreprises trouve ici son expression incarnée. Non content d'argumenter l'importance de préserver le patrimoine de l'entreprise qu'il étudie, Thomas Frank Bancé propose une série d'actions concrètes visant à mettre ce patrimoine en valeur, tels la création d'un *Centre d'Interprétation du Sucre des Cascades* (CISC) et le *storytelling* comme moyen de faire connaître l'histoire et le patrimoine de la SN SOSUCO.

Le travail de Thomas Frank Bancé sur la *Société sucrière du Burkina Faso (SN SOSUCO),* que j'ai eu le plaisir d'encadrer et qui atteste de ses qualités de chercheur et de sa capacité d'analyse documentaire, est un élément très important de l'histoire du Burkina Faso car il traite d'une entreprise qui a joué un rôle déterminant dans le développement économique et social du pays et dont le passé fait partie du patrimoine collectif des travailleurs burkinabés. Comme le dit l'auteur, « l'histoire post-coloniale de la ville de Banfora est étroitement liée à celle de l'industrie sucrière et de ses impacts socio-économiques », toute affirmation que le lecteur aura certainement plaisir à suivre au fil des pages de ce livre.

Ana Cardoso de Matos

Résumé de l'ouvrage

Titre : *La nouvelle société sucrière de la COMOÉ au Burkina Faso : un patrimoine industriel à valoriser.*

Dans le paysage national du Burkina Faso, la Nouvelle Société Sucrière de la Comoé (SN SOSUCO) apparaît comme une entreprise gigantesque, avec le statut de premier employeur privé du pays[1] et assurant plus de 30 % des besoins nationaux en sucre. Avec ses cités ouvrières pour les travailleurs nationaux et étrangers, ses vastes plantations de canne à sucre, son usine d'agglomération sucrière, sa raffinerie, sa distillerie d'alcool éthylique 96° GL et son réseau de distribution national, la SN SOSUCO est l'exemple type d'une entreprise privée dont l'histoire mérite d'être étudiée, valorisée et transmise aux populations. Pour ce faire, on peut se poser la problématique suivante : quelle est la valeur patrimoniale de la société sucrière du Burkina Faso dans un pays en pleine mutation économique ? De cette question principale découlent des questions secondaires : Quels sont les facteurs qui ont conduit à l'installation du complexe sucrier à Bérégadougou ? Quels sont les systèmes d'exploitation et les procédés de production du sucre développés à la SN SOSUCO ? Comment l'histoire et la valorisation du patrimoine peuvent-elles offrir à la société sucrière une identité et un meilleur positionnement sur le plan socio-économique ?
La réponse à la présente problématique nous permet de formuler des hypothèses autour de notre thème de recherche. L'hypothèse principale est que la société sucrière du Burkina Faso a constitué depuis sa création un patrimoine matériel et immatériel qu'il convient de restaurer et de valoriser. Une hypothèse secondaire concerne l'impact social, économique et culturel de l'installation de la SN SOSUCO dans la région des Cascades. Enfin, nous émettons l'hypothèse qu'une bonne valorisation de l'histoire et du patrimoine permettra à

[1] Plus de 1 500 salariés et plus de 10.500 emplois indirects.
Source : *Site web officiel de la SN SOSUCO*, consulté le 21 juillet 2023, URL : https://snsosuco.com/a-propos/presentation.

la société sucrière d'obtenir un meilleur positionnement sur l'échiquier social et économique du Burkina Faso. Au terme de cette étude, nous avons pu démontrer la valeur patrimoniale de la SN SOSUCO, le développement d'un projet de création d'un Centre d'Interprétation du Sucre des Cascades et l'élaboration d'un storytelling pour la SN SOSUCO.
Dans notre présente étude, nous avons choisi une approche méthodologique qualitative et pluridisciplinaire qui a abouti sur l'exploitation des sources écrites (archives, ouvrages), des sources orales (entretiens, interviews) et des sources auxiliaires (iconographie, site internet).

Mots-clés : canne à sucre, industrie, sucre, patrimoine industriel, valorisation, centre d'interprétation, storytelling.

Abréviations

APIS-BF	Association de promotion de l'industrie sucrière au Burkina Faso
CISC	Centre d'interprétation du sucre dans les Cascades
CMPRN	Comité militaire de Redressement pour le Progrès national
CNR	Conseil national de la Révolution
CSP	Comité de Salut du Peuple
FP	Front populaire
Francs CFA	Francs de la Communauté financière d'Afrique
INSD	Institut national de la statistique et la démographie
IPS-WA	Industrial Promotion Services - West Africa
ONTB	Office national du tourisme burkinabè
PAS	Programme d'ajustement structurel
RN	Route Nationale
SESUHV	Société d'études sucrières de Haute-Volta
SIAN	Société industrielle et agricole de Niari
SODISUCRE	Société de distribution du sucre
SOMDIAA	Organisation de management et de développement des industries alimentaires et agricoles
SOSUHV	Société Sucrière de Haute-Volta
SOSUCO	Société Sucrière de la Comoé
SN SOSUCO	Nouvelle Société sucrière de la Comoé
TPTI	Techniques, Patrimoine et Territoire de l'Industrie
UNESCO	Organisation des Nations Unies pour l'Éducation, la Science et la Culture

Introduction générale

La ville de Banfora, chef-lieu de la région des Cascades, est située au sud-ouest du Burkina Faso, à 80 km à peine de Bobo-Dioulasso, la capitale économique du Burkina Faso. Cette région est peuplée de populations à majorité paysanne et historiquement opposées à toute forme d'organisation politique forte et centralisée. Entre 1985 et 2006, la population de la ville est passée de 257 553 à 531 808 habitants. En 2019 la région comptait 812 466 habitants, ce qui témoigne d'une constante progression de la population[1]. La région des Cascades a une économie agricole avec 80 % de la population engagée dans des activités agricoles. Cela est dû en partie aux conditions naturelles, physiques et humaines qui favorisent le développement de ce secteur. Outre l'agriculture ; les secteurs du commerce, du tourisme, de l'artisanat et de l'industrie alimentent l'économie de la région.

C'est dans cette région des Cascades, la plus arrosée du Burkina Faso, que le complexe sucrier de Bérégadougou a été aménagé à partir de 1965. Il s'agit de la plus grande zone aménagée du Burkina Faso, couvrant 10 000 hectares, dont 4 000 hectares de plantations de canne à sucre. Jusqu'en 1998, le complexe sucrier était géré par une société d'économie mixte sous l'appellation de la Nouvelle Société Sucrière de la Comoé (SN SOSUCO), dans laquelle l'État burkinabé détenait une participation importante[2]. Prise dans les privatisations des années 1990, la société sera acquise le 24 juin 1998 à près de 67 % par la Holding Industrial Promotion Services-West Africa (IPS-WA). À partir de cette date, le gouvernement burkinabé ne possèdera que 30,67 % des actions. L'histoire post-

---

[1] Institut National de la Statistique et de la Démographie (INSD), *Monographie de la région des Cascades*, Ouagadougou, INSD, 2019, p. 1, consulté le 14 mars 2023, URL : https://www.insd.bf/sites/default/files/2023-02/MONOGRAPHIE%20DES%20CASCADES%205E%20RGPH.pdf.

[2] La SN SOSUCO à l'origine s'appelait la Société Sucrière de Haute-Volta (SOSUHV) avant de devenir à partir de 1985 la Société Sucrière de la Comoé (SOSUCO). Le capital était réparti comme suit : État burkinabè (66,05 %, organismes para-étatiques (16,52 %), État ivoirien (10,72 %), acteurs privés locaux (6,05 %).

coloniale de la ville de Banfora est intimement liée à celle de l'industrie sucrière et ses impacts socio-économiques.

Dans le paysage national du Burkina Faso, la Nouvelle Société Sucrière de la Comoé (SN SOSUCO) apparaît comme une entreprise gigantesque, avec le statut de premier employeur privé du pays[1] et assurant plus de 30 % des besoins nationaux en sucre. Avec ses cités ouvrières pour les travailleurs nationaux et étrangers, ses vastes plantations de canne à sucre, son usine d'agglomération sucrière, sa raffinerie, sa distillerie d'alcool éthylique 96° GL et son réseau de distribution national, la SN SOSUCO est l'exemple type d'une entreprise privée dont l'histoire mérite d'être étudiée, valorisée et transmise aux populations. Vingt-cinq années après sa privatisation, la société connait d'année en année, un cycle interminable de mévente[2] rendant son avenir incertain malgré les efforts constants du nouveau gestionnaire (IPS-WA). C'est dans un tel contexte que nous avons choisi d'axer notre projet de recherche sur le thème : La société sucrière du Burkina Faso (SN SOSUCO) : de l'aménagement du territoire à la préservation de la mémoire (1965-2020).

Le choix de ce thème de recherche est significatif de notre volonté de contribuer à une meilleure connaissance de l'histoire d'une entreprise qui a joué un rôle prépondérant dans le développement économique et social d'une région et dont le passé fait partie du patrimoine collectif national de l'ensemble des travailleurs burkinabè. La spécificité et l'intérêt de l'étude que nous nous proposons de réaliser se manifestent à plusieurs niveaux.

Tout d'abord, notre étude contribuera à la connaissance de l'histoire de l'industrie sucrière au Burkina Faso en passant en revue les grandes périodes de sa création et de ses étapes de développement. Elle présentera également les différents changements dans le paysage urbain causés par la présence de cette entreprise et de ses travailleurs dans la région des Cascades. L'étude abordera également les conditions de vie et de travail des travailleurs de

---

[1] Plus de 1 500 salariés et plus de 10.500 emplois indirects.
Source : *Site web officiel de la SN SOSUCO*, consulté le 21 juillet 2023, URL : https://snsosuco.com/a-propos/presentation.

[2] Voir Ouédraogo Frédéric, « SN-SOSUCO à Banfora : encore 23 832 tonnes de sucre en mévente », *News A Ouaga*, 2018, Mise en ligne le 2 mars 2018, consulté le 27 janvier 2023, URL : http://news.aouaga.com/h/114535.html.

l'entreprise afin de raconter et valoriser une histoire de la mémoire du sucre au Burkina Faso. Cette étude nous permettra de poser les bases d'une réflexion sur la sauvegarde et la valorisation du patrimoine matériel et immatériel de la société sucrière du Burkina Faso avec ses cinquante-huit années d'existence. C'est en cela que nous contribuerons à l'écriture d'un pan de l'histoire du patrimoine industriel burkinabè.

Pour mener une analyse historique, il est recommandé de situer l'objet d'étude dans un cadre spatio-temporel. C'est à cet égard que nous avons choisi de placer notre thème de recherche sur *La société sucrière du Burkina Faso (SN SOSUCO) : de l'aménagement du territoire à la préservation de la mémoire* dans l'espace géographique de « Bérégadougou, province de la Comoé, région des Cascades, Burkina Faso » dans la fourchette chronologique de « 1965 à 2020 »[1].

Le choix de Bérégadougou comme cadre d'étude s'explique par le fait que le complexe sucrier de la SN SOSUCO est situé dans la commune rurale de Bérégadougou. Mais dans la pratique, la société sucrière est administrativement rattachée à la commune urbaine de Banfora, chef-lieu de la région des Cascades[2]. C'est donc à partir de Bérégadougou que la société mènera ses activités sociales et économiques dans la région des Cascades.

Pour le cadre temporel de l'étude, les dates 1965 et 2020 sont utilisées comme bornes temporelles. L'année 1965 a été choisie comme borne inférieure car elle correspond à la date de création de la Société d'Études sucrières de Haute-Volta (SESUHV), actuelle SN SOSUCO. Elle est donc le point de départ des activités sucrières au Burkina Faso. Quelques années après sa création, le complexe sucrier de Bérégadougou connaitra de nombreuses crises sociales et économiques jusqu'à plonger l'entreprise dans la précarité. Ce n'est

[1] La structure administrative du Burkina Faso peut être résumée comme suit : le pays est divisé en 13 régions. Chaque région comprend un nombre variable de provinces avec une seule capitale régionale. Une province est subdivisée en plusieurs communes avec un seul chef-lieu de province. Il existe deux types de communes : les communes urbaines pour les communes denses et les communes rurales pour les communes moins denses. Une commune regroupe plusieurs villages.

[2] Conseil Municipal de Bérégadougou, *Plan Communal de Développement 2020-2024 de Bérégadougou*, Bérégadougou, Commune rurale de Bérégadougou, 2020, p. 9. [Ouvrage disponible à la Mairie de Bérégadougou].

que très récemment, en 2020, que l'usine retrouve une stabilité économique. L'année 2020 marque la fin des crises internes de la SN SOSUCO et nous l'avons choisie comme limite supérieure de cette étude.

Autour d'un sujet d'étude ou de réflexion se trouve une problématique à concevoir. Cette problématique peut être construite à partir d'une question de recherche. « Et l'ensemble des questionnements, des hypothèses de recherche, des réflexions qui se construiront autour de cette question de recherche constituent la problématique » ajoute Michel Beaud dans son ouvrage *L'art de la thèse*[1].

Lorsque nous avons défini notre sujet de recherche : *La société sucrière du Burkina Faso (SN SOSUCO) : de l'aménagement du territoire à la préservation de la mémoire (1965-2020)* ; nous avons été guidé par une question principale : Quelle est la valeur patrimoniale de la société sucrière du Burkina Faso dans un pays en pleine mutation économique ?

De cette question principale découlent des questions secondaires : Quels sont les facteurs qui ont conduit à l'installation du complexe sucrier à Bérégadougou ? Quels sont les systèmes d'exploitation et les procédés de production du sucre développés à la SN SOSUCO ? Comment l'histoire et la valorisation du patrimoine peuvent-elles offrir à la société sucrière une identité et un meilleur positionnement sur le plan socio-économique ? La réponse à la présente problématique nous permet de formuler des hypothèses et objectifs autour de notre thème de recherche.

Le choix du présent sujet de recherche résulte d'une observation sur le terrain de la situation de la Nouvelle Société Sucrière de la Comoé, abrégée SN SOSUCO. De cette observation, il ressort que ladite société, créée en 1965 dans le but de produire et de transformer le sucre, reste très peu abordée dans la recherche scientifique. En plus de son statut de première entreprise privée pourvoyeuse d'emplois au Burkina Faso, la SN SOSUCO est l'une des rares sociétés créées après l'indépendance du pays en 1960 à être encore

[1] Beaud Michel, *L'art de la thèse : comment préparer et rédiger un mémoire de master, une thèse de doctorat ou tout autre travail universitaire à l'ère du net*, Paris, La Découverte, 2006, p. 55.

en activité. Sur la base de ces faits, nous avons formulé quelques hypothèses sur le thème de la recherche.

L'hypothèse principale est que la société sucrière du Burkina Faso a constitué depuis sa création un patrimoine matériel et immatériel qu'il convient de restaurer et de valoriser. Une hypothèse secondaire concerne l'impact social, économique et culturel de l'installation de la SN SOSUCO dans la région des Cascades. Enfin, nous émettons l'hypothèse qu'une bonne valorisation de l'histoire et du patrimoine permettra à la société sucrière d'obtenir un meilleur positionnement sur l'échiquier social et économique du Burkina Faso.

L'objectif général de cette étude est de démontrer la valeur patrimoniale de la société sucrière du Burkina Faso et de développer des moyens pour mettre en lumière ce patrimoine.

Au-delà de cet objectif général, il nous appartiendra de :

- ❖ Retracer l'histoire de l'implantation du complexe sucrier au Burkina Faso afin de comprendre les modifications socio-économiques et paysagères.
- ❖ Montrer l'apparition d'un nouveau paysage industriel avec la culture et la transformation de la canne à sucre.
- ❖ Montrer dans quelle mesure l'histoire et le patrimoine peuvent promouvoir l'activité sucrière au Burkina Faso.

Notre présent thème de recherche implique un certain nombre de concepts et de terminologies clés qui nécessitent une clarification préalable. Ces définitions, qui ne sont pas exhaustives, ont pour but de situer chaque terme dans le contexte de cette étude.

- Patrimoine

Lorsqu'on se penche sur l'étymologie du mot patrimoine, on constate qu'il s'agit d'une notion dont les premières mentions remontent à l'Antiquité et désignent « L'ensemble des biens que l'on hérite de ses ascendants ou que l'on constitue pour le transmettre à ses descendants » selon le *Dictionnaire de l'Académie française*[1]. Si le terme était circonscrit à l'espace familial, privé ; il faut reconnaitre qu'il s'est rapidement élargi au fil des siècles pour

[1] *Site web de l'Académie française*, consulté le 17 mars 2023, URL : https://www.dictionnaire-academie.fr/article/A9P1012.

devenir « Ce qui est considéré comme l'héritage commun d'un groupe »[1]. Par extension, le patrimoine désigne l'ensemble des biens d'une communauté, d'un État et reconnus comme tels, valorisés et transmis aux générations futures. Lorsque ces biens ont une valeur historique, archéologique, industrielle, culturelle, monumentale, ethnologique, etc., on parle de patrimoine culturel. Mais lorsque ces biens concernent des formations physiques, biologiques et géologiques remarquables et exceptionnelles, on parle de patrimoine naturel. C'est la notion de dualité du patrimoine. Dans la présente étude, nous nous intéresserons davantage au patrimoine culturel.

Pour l'Organisation des Nations Unies pour l'Éducation, la Science et la Culture (UNESCO), est considéré comme patrimoine culturel :

> « a1. Les monuments : œuvres architecturales, de sculpture ou de peinture monumentales, éléments ou structures de caractère archéologique, inscriptions, grottes et groupes d'éléments, qui ont une valeur universelle exceptionnelle du point de vue de l'histoire, de l'art ou de la science, a2. Les ensembles : groupes de constructions isolées ou réunies, qui, en raison de leur architecture, de leur unité, ou de leur intégration dans le paysage, ont une valeur universelle exceptionnelle du point de vue de l'histoire, de l'art ou de la science, a3. Les sites : œuvres de l'homme ou œuvres conjuguées de l'homme et de la nature, ainsi que les zones y compris les sites archéologiques qui ont une valeur universelle exceptionnelle du point de vue historique, esthétique, ethnologique ou anthropologique »[2].

Si cette définition de l'UNESCO a le mérite d'être la plus complète possible, elle semble large. Pour obtenir une définition synthétique adaptée à notre étude, il faut se référer à la *Loi N° 024-2007/AN* portant protection du patrimoine culturel au Burkina Faso,

---

[1] *Site web de Le Larousse*, consulté le 17 mars 2023,
URL : https://www.larousse.fr/encyclopedie/divers/patrimoine/77550.

[2] Organisation des Nations Unies pour l'Éducation, la Science et la Culture, *Convention concernant la protection du patrimoine culturel et naturel*, adoptée par la Conférence générale a sa dix-septième session Paris, 16 novembre 1972, p. 2, consulté le 17 mars 2023, URL : https://whc.unesco.org/archive/convention-fr.pdf.

en son article 3, qui définit le patrimoine culturel comme suit : « On entend par patrimoine culturel, l'ensemble des biens culturels, naturels, meubles, immeubles, immatériels, publics ou privés, religieux ou profanes dont la préservation ou la conservation présente un intérêt historique, artistique, scientifique, légendaire ou pittoresque »[1].

En ce qui concerne le patrimoine industriel, une des composantes du patrimoine culturel, on remarque que la notion est en constante évolution au regard du sens large du mot « industrie ». Toutefois, grâce à la présence d'organismes importants, des définitions de références ont été élaborées. Parmi elles, on peut citer la définition conjointe du Comité international pour la conservation du patrimoine industriel (TICCIH) et du Conseil international des monuments et des Sites (ICOMOS) adoptée en 2011 :

> « Le patrimoine industriel comprend les sites, les constructions, les complexes, les territoires et les paysages ainsi que les équipements, les objets ou les documents qui témoignent des procédés industriels anciens ou courants de production par l'extraction et la transformation des matières premières ainsi que des infrastructures énergétiques ou de transport qui y sont associées. Il exprime une relation étroite entre l'environnement culturel et naturel puisque les procédés industriels – anciens ou modernes – dépendent de ressources naturelles, d'énergie et de voies de communication pour produire et distribuer des biens sur les marchés. Ce patrimoine comporte des dimensions immatérielles comme les savoir-faire techniques, l'organisation du travail et des travailleurs ou un héritage complexe de pratiques sociales et culturelles

---

[1] Assemblée nationale du Burkina Faso, *Loi N° 024-2007/AN portant protection du patrimoine culturel au Burkina Faso*, Ouagadougou, AN, 2007, consulté le 25 mars 2023,
URL :
https://www.google.com/url?sa=t&rct=j&q=&esrc=s&source=web&cd=&cad=rja&uact=8&ved=2ahUKEwjUsdfq0-P9AhWLP-wKHQ5RANYQFnoECAoQAQ&url=https://faolex.fao.org/docs/texts/bkf78671.doc&usg=AOvVaw2VZtEiBIQX-QLcHWwmont0.

résultant de l'influence de l'industrie sur la vie des communautés et sur la mutation des sociétés et du monde en général »[1].

Cette définition justifie le statut de patrimoine industriel que nous avons attribué à la SN SOSUCO dans cette étude. Elle permet également de comprendre que le patrimoine industriel n'est pas seulement constitué d'éléments physiques mais aussi de dimensions immatérielles à prendre en compte.
« En définitive, il demeure de la prérogative de chaque pays de formuler sa propre terminologie et sa propre interprétation du patrimoine » conclut l'UNESCO dans sa définition du patrimoine[2]. Ainsi, on peut dire que le patrimoine sucrier du Burkina Faso est l'ensemble des biens historiques, culturels et économiques liés à la culture de la canne à sucre, à sa transformation et à sa commercialisation. Par biens matériels, on entend les champs de canne, les infrastructures, les machines et les archives. Le savoir-faire sucrier, l'organisation du travail et des planteurs appartiennent à la dimension immatérielle de ce patrimoine.

- Histoire

Nous n'avons ni la capacité ni la prétention de donner une définition large et consensuelle du mot Histoire dans cette étude ; nous cherchons à en clarifier l'usage. Nous partageons ainsi la définition du *Centre National de Ressources Textuelles et Lexicales* (CNRLT) qui définit l'histoire comme la : « Recherche, connaissance, reconstruction du passé de l'humanité sous son aspect général ou sous des aspects particuliers, selon le lieu, l'époque, le point de vue choisi »[3].

---

[1] The International Council on Monuments and Sites, *Principes conjoints ICOMOS-TICCIH pour la conservation des sites, constructions, aires et paysages du patrimoine industriel : « Les principes de Dublin »*, adoptés par la 17e Assemblée générale de l'ICOMOS le 28 novembre 2011, consulté le 15 mars 2023, p. 2, URL : https://www.icomos.org/images/DOCUMENTS/Charters/GA2011_ICOMOS_TICCIH_joint_principles_EN_FR_final_20120110.pdf.

[2] Organisation des Nations Unies pour l'Éducation, la Science et la Culture, *Les indicateurs UNESCO de la culture pour le Développement (IUCD)*, Genève, UNESCO, 2009, p. 134, consulté le 17 mars 2023,
URL : https://fr.unesco.org/creativity/sites/creativity/files/digital-library/cdis/Dimension%20Patrimoine.pdf.

[3] *Site web du Centre National de Ressources Textuelles et Lexicales*, consulté le 16 mars 2023, URL : https://www.cnrtl.fr/definition/histoire.

Qu'il s'agisse de « l'histoire du sucre », « l'histoire de la SN SOSUCO », on se réfère à l'ensemble des évènements, des actions qui, à une période déterminée, ont concerné des espaces, des personnes, des institutions. Ces faits seront relatés en application de la méthodologie historique.

- Paysage industriel

Le dictionnaire *Le Larousse* définit le mot paysage comme « une étendue spatiale, naturelle ou transformée par l'homme, qui présente une certaine identité visuelle ou fonctionnelle »[1]. Quant à la définition du paysage industriel, François Crouzet parle « d'un paysage où les activités industrielles sont évidentes, révélées par des bâtiments et équipements caractéristiques, lesquels, finalement, dominent ce paysage »[2]. Pour nous, le paysage industriel correspond à l'espace aménagé pour accueillir les activités industrielles de la société sucrière dans la commune de Bérégadougou.

- Société sucrière

Le Centre National de Ressources Textuelles et Lexicales définit le mot sucrière comme un adjectif « qui est relatif à la production, à la fabrication du sucre »[3]. De ce fait, une société sucrière désigne une entreprise qui produit ou fabrique du sucre. Dans le présent sujet de recherche, les expressions « industrie sucrière », « société sucrière », « complexe sucrier » font toutes référence à la SN SOSUCO située à Bérégadougou.

- Mémoire

Dans cette étude, le mot « mémoire » est étroitement lié à la mémoire collective. La définition du *Larousse* arrive donc à point nommé. Pour ce dictionnaire, version en ligne, la mémoire est « l'Ensemble des faits passés qui reste dans le souvenir des hommes,

---

[1] *Site web de Le Larousse*, consulté le 17 mars 2023, URL : https://www.larousse.fr/dictionnaires/francais/paysage/58827.

[2] Crouzet François, « Naissance du paysage industriel », *Histoire, économie et société*, n° 3, 16e année, Environnement et développement économique, 1997, p. 420, consulté le 13 mars 2023, URL : https://www.persee.fr/doc/hes_0752-5702_1997_num_16_3_1955, DOI : https://doi.org/10.3406/hes.1997.1955.

[3] *Site web du Centre National de Ressources Textuelles et Lexicales*, consulté le 14 mars 2023, URL : https://www.cnrtl.fr/definition/sucrière.

d'un groupe »[1]. Ces faits renvoient à des souvenirs communs, des connaissances et d'informations appartenant à un groupe social et créant une identité sociale. À travers cette mémoire collective, nous souhaitons construire, partager et transmettre une identité des travailleurs du sucre de la région des Cascades.
Le présent sujet de recherche s'intitule : *La société sucrière du Burkina Faso (SN SOSUCO) : de l'aménagement du territoire à la préservation de la mémoire (1965-2020).* La formulation de ce sujet est précédée d'une minutieuse phase d'historiographie. Cette étape a permis de dresser d'abord un bilan de la littérature existante sur le thème avant de proposer une analyse de la question de recherche. Des articles scientifiques, des ouvrages individuels et collectifs, des thèses, des mémoires, des périodiques et des rapports annuels sur la production sucrière ont ainsi été exploités. Les principaux thèmes abordés sont le patrimoine industriel, l'aménagement du territoire et l'industrie sucrière.

Mener une recherche sur une industrie agroalimentaire nécessite une large connaissance du domaine de l'industrie, de ses composantes et de son fonctionnement. C'est pourquoi nous avons commencé à explorer des ouvrages, des travaux universitaires et des articles scientifiques. Parmi eux, la thèse du géographe Georges Compaoré intitulé « L'industrialisation de la Haute-Volta »[2]. Cet ouvrage, publié en 1984, présente le processus d'industrialisation de la Haute-Volta, aujourd'hui Burkina Faso. L'auteur concentre ses recherches sur les industries de transformation de matières premières et des produits industriels, puis sur le conditionnement des produits industriels et agroalimentaires. En trois phases, Georges Compaoré a retracé le processus d'installation des industries au Burkina Faso. La dernière phase a été fondamentale pour nous car l'auteur évoque le projet de création du complexe sucrier de Banfora à partir de 1965. Il rappelle les objectifs de l'usine et le statut d'économie mixte que le gouvernement voltaïque voulait lui accorder. Il présente également les potentialités naturelles et

---

[1] *Site web de Le Larousse*, consulté le 17 mars 2023,
URL : https://www.larousse.fr/dictionnaires/francais/mémoire/50401.
[2] Compaoré Georges, « L'industrialisation de la Haute-Volta », thèse de doctorat de 3e cycle en Géographie et Écologie tropicales, Université de Bordeaux III, 1984, 281 p., consulté le 2 octobre 2021,
URL : https://beep.ird.fr/collect/depgeo/index/assoc/COMGEO84/COMGEO84.pdf.

humaines de la ville de Banfora, qui ont certainement influencé le choix d'implantation de l'usine dans cette partie du pays. Cette thèse propose une lecture spatio-temporelle de l'industrialisation du Burkina Faso.

En 2019, Thiombiano Taladidia a publié un ouvrage intitulé *L'enclave industrielle : la Société Sucrière de Haute-Volta*[1]. L'auteur structure son ouvrage en six parties dans lesquelles il propose une analyse socio-économique de la société sucrière au Burkina Faso. Il s'intéresse particulièrement aux aspects théoriques de l'économie agro-industrielle. Il analyse également le fonctionnement du complexe sucrier sous la direction de la société transnationale française SOMDIAA. L'auteur dénonce les insuffisances de la gestion de la SOSUHV, avant de s'interroger sur l'avenir même de l'agro-industrie en Haute-Volta, aujourd'hui Burkina Faso. Cet ouvrage a le mérite de présenter les données micro et macro-économiques de la SOSUHV durant la période 1975-1982. Il a également permis de comprendre les insuffisances de la gestion de la SOMDIAA conformément aux contrats qu'elle avait signés avec le gouvernement burkinabè.

Un article intéressant que nous avons consulté est celui du géographe français Thierry Hartog. En 1983, il a publié un article intitulé « Le périmètre sucrier de Banfora. (Haute-Volta) : du pouvoir technocratique aux déboires paysans »[2]. Dans cet article, l'auteur note la profonde opposition entre les modes de vie traditionnels des paysans et la modernité créée par l'installation de l'usine dans la région de Banfora. S'il reconnait que la région de Banfora était à l'époque la plus propice à l'implantation de la nouvelle usine, il déplore que le système d'aménagement n'ait pas pris en compte le monde paysan de cette région. Il justifie cela par les nombreux villages qui ont été expulsés pour faire place à des champs de canne à sucre sans système de compensation fiable. En conséquence, on assiste à *une triple évolution régressive agricole,*

---

[1] Thiombiano Taladidia, *L'enclave industrielle : la Société Sucrière de Haute-Volta*, CODESRIA/NENA, [version numérique], 2019, ISBN: 978-2-86978-888-6.

[2] Hartog Thierry, « Le périmètre sucrier de Banfora. (Haute-Volta) : du pouvoir technocratique aux déboires paysans », *Cahiers d'Outre-mer*, n° 142 - 36e année, 1983, pp. 119-135, consulté le 20 juin 2022,
URL : https://www.persee.fr/doc/caoum_0373-5834_1983_num_36_142_3061,
DOI : https://doi.org/10.3406/caoum.1983.3061.

économique et sociale tandis qu'un nouveau monde se crée au nord de Banfora rassemblant les industriels, les ouvriers et tout l'aménagement induit. Thierry Hartog a voulu révéler les impacts négatifs de l'aménagement de Banfora pour accueillir la SN SOSUCO en 1965 et c'est en cela que cet article est digne d'intérêt pour notre présente étude même si nous déplorons que l'auteur n'ait pas pu fournir suffisamment d'informations sur ces profonds contrastes.

Un travail universitaire plus spécifique sur la SN SOSUCO a été réalisé en 2009 par Oumar Cissé. Dans son mémoire de maîtrise intitulé : « Une approche historique de l'agro-industrie au Burkina Faso : le cas de la SN SOSUCO de 1974 à 2008 »[1], l'auteur développe trois grandes parties de l'histoire du complexe sucrier de la Haute-Volta, aujourd'hui Burkina Faso. Dans la première partie, il examine les raisons du choix de la plaine de Bérégadougou comme environnement propice à l'installation de l'usine. Les principaux facteurs étaient la disponibilité de l'eau, de l'énergie et de la main-d'œuvre. Ensuite, Oumar Cissé explique le processus de culture et de récolte de la canne à sucre à la SN SOSUCO. L'auteur présente les différentes phases de culture de la canne à sucre, sa transformation en produits finis et sa commercialisation. Les installations industrielles sont brièvement décrites. Dans la dernière partie de son mémoire, l'auteur passe en revue les grandes mutations qu'a connues la SN SOSUCO depuis sa création en 1965. Les principales crises et difficultés de l'entreprise sont décrites. Ce travail est d'un apport fondamental pour la première partie de notre travail car il offre une approche historique sur le fonctionnement de la société sucrière.

À cela s'ajoute le mémoire de master de Biaou Orèdola Daryle : « Améliorer la disponibilité des coupeurs de canne à sucre sur un périmètre industriel : cas de la SN SOSUCO »[2]. Daryle a soutenu ce

[1] Cissé Oumar, « Une approche historique de l'agro-industrie au Burkina Faso : le cas de la SN SOSUCO de 1974 à 2008 », Mémoire de maîtrise en Histoire économique, Université de Ouagadougou, 2009, 126 p.

[2] Biaou Orèdola Daryle, « Améliorer la disponibilité des coupeurs de canne à sucre sur un périmètre industriel : cas de la SN SOSUCO », Mémoire de master en Ingénierie de l'eau et de l'environnement, Institut International d'Ingénierie de l'Eau et de l'Environnement, 2017, p. 100, consulté le 1er décembre 2022, URL : http://documentation.2ie-edu.org/cdi2ie/opac_css/doc_num.php?explnum_id=2614.

travail en 2017 après un stage à la SN SOSUCO pour l'obtention du diplôme d'ingénieur de l'eau et de l'environnement. Présenté comme l'un des rares chercheurs à s'intéresser aux conditions de travail des ouvriers de la canne à sucre, l'auteur s'intéresse aux causes de la diminution des coupeurs de canne dans le complexe sucrier. Il met ensuite en évidence les facteurs susceptibles de motiver les coupeurs et d'améliorer leurs conditions de travail. L'ouvrage de Daryle offre une vision du monde de travail à la SN SOSUCO basée sur des enquêtes de terrain et des entretiens avec les premiers acteurs. Ce travail permettra de mieux comprendre l'histoire des planteurs et de proposer des pistes pour valoriser leur savoir-faire technique.

Un autre exemple est le mémoire de master TPTI de Rose Timeu Guiawa intitulé « Les multinationales au Cameroun au lendemain des indépendances : cas de la SOSUCAM de 1964 à nos jours »[1]. Dans ce travail, l'auteure s'intéresse à la politique globale des multinationales au Cameroun, à leurs relations avec l'État et à leur implication au niveau local en prenant l'exemple de la Société Sucrière du Cameroun. Cette analyse nous permet de faire une comparaison avec le cas du Burkina Faso quand on sait que la même multinationale a eu la SOSUCO pour filiale entre 1965-1985. Le travail de Guiawa a également été fondamental pour nous aussi car la dernière partie est consacrée à des propositions de valorisation du patrimoine industriel de la SOSUCAM. Ces propositions nous ont inspiré dans la rédaction de notre projet de patrimonialisation de la SN SOSUCO.

Dans le cadre de leur travail de fin de cycle, les étudiants du Master Urbanisme, Habitat et Aménagement de l'Université de Perpignan ont élaboré un projet d'aménagement du territoire[2]. Le

---

[1] Guiawa Rose Timeu, « Les multinationales au Cameroun au lendemain des indépendances : cas de la SOSUCAM de 1964 à nos jours. », Mémoire de master en Techniques, Patrimoine et Territoires de l'industrie, Université de Padoue, 2021, 244 p.

[2] Perlik, Barela, Baptista, Terres, Geres et Ali-Guechu, *Projet du centre d'interprétation de la commune de Laroque des Albères. Partie 2 : préconisations et proposition d'aménagement*, Master professionnel en Urbanisme, Habitat et Aménagement, Perpignan, 2015, 74 p., consulté le 27 juin 2023, URL : https://www.payspyreneesmediterranee.org/mbFiles/documents/etudes/etudefac-2015- cimta-document3.pdf.

projet vise à transformer l'ancien théâtre municipal de Laroque-des-Albères (France) en centre d'interprétation. Ils se sont appuyés sur de nombreuses études comparatives avec d'autres centres d'interprétation, ainsi que sur la documentation du ministère français de la Culture. L'ouvrage propose de nombreuses solutions en termes d'aménagement, de mise en valeur et de circulation au sein du centre d'interprétation. Il comprend des propositions en matière d'aménagement de l'espace, de sécurité des bâtiments, de scénographie et de muséographie. L'accessibilité du public et le fonctionnement du centre d'interprétation ont également fait l'objet de nombreuses propositions pour la municipalité bénéficiaire. La proposition d'aménagement du centre d'interprétation de Laroque-des-Albères a été pour nous un exemple important dans nos propositions de valorisation du patrimoine sucrier burkinabè.

Le choix d'une méthode de travail est nécessaire pour mener à bien une recherche en histoire et même dans toute autre discipline. Cette méthode de travail a pour but d'expliquer le type de méthodologie choisi, la nature des sources utilisées et la méthode d'analyse de ces sources. Dans notre présente étude, nous avons choisi une approche méthodologique qualitative et pluridisciplinaire (histoire, géographie, anthropologie, sociologie, aménagement, économie, muséologie). Ainsi, nous avons mené des recherches documentaires d'une part et des entretiens d'autre part.

La recherche bibliographique sur le thème étudié a permis de consulter deux types de sources écrites : les archives et les ouvrages. Les archives constituent des *sources de première main* dont la consultation a été d'une utilité incommensurable. En effet, les archives consultées d'abord au Burkina Faso puis en France nous ont permis de disposer d'informations inédites. Au Burkina Faso, il n'existe qu'un seul Centre National des Archives (CNA) pour la communication des archives au public. Au CNA, nous avons consulté essentiellement le fonds de la série V. La Série V, qui s'étend de 1898 à nos jours, comprend les fonds des ministères de la Santé, de l'Administration générale, de l'Environnement, des Mines, des Travaux publics, de l'Industrie, de l'Agriculture, du Commerce, de l'Économie, de l'Éducation et les Formations, de la Justice, des Sports, etc. Plusieurs sous-séries (7V, 17V, 31V, 40V, 41V) contiennent des informations sur la Société Sucrière de la

Haute-Volta ou sur les travaux d'aménagement du ministère du Plan et de l'Industrie de la Haute-Volta.

En France, nous nous intéressons aux archives de deux ministères conservées aux Archives nationales. Il s'agit des archives du Centre des archives économiques et financières et du Centre des archives diplomatiques. Les documents consultés dans le Fonds 201 MC sont des contrats, des conventions, des rapports de campagnes ou encore des comptes rendus et procès-verbaux de réunion. Ces archives ont été produites entre 1972 et 1980.

Comme nous l'avons annoncé dans la méthodologie, nous avons voulu faire de cette étude un travail multidisciplinaire. Pour ce faire, nous avons aussi consulté de nombreux travaux universitaires (thèses, mémoires, articles scientifiques, rapports), des ouvrages individuels ou collectifs et des dictionnaires. Les thèmes abordés par cette documentation concernent l'histoire des industries, le patrimoine industriel, l'aménagement du territoire, la culture entrepreneuriale et la préservation de la mémoire collective. Toutes les sources écrites ont été consultées dans les centres d'archives, dans les bibliothèques nationales et celles de diverses autres institutions, et sur les sites Internet agréés.

Les sources orales de cette étude sont essentiellement de deux types : les entretiens que nous avons menés en présentiel et à distance, et les extraits d'entretien dans des enregistrements audiovisuels. Les personnes ressources interviewées lors de ces entretiens sont des travailleurs ou anciens travailleurs de la SN SOSUCO et les autorités des communes de Bérégadougou et de Banfora. Les outils de collecte utilisés lors de ces entretiens sont : un guide d'entretien, un bloc-notes, un stylo à bille, un appareil photo, un logiciel d'enregistrement et un ordinateur pour le traitement de l'information.

Par ailleurs, la collecte des sources orales a été semée d'embûches. En effet, nous n'avons pas pu rencontrer les premières autorités de la SN SOSUCO malgré nos demandes d'entretien adressées au secrétariat. Les visites et même l'accès à la documentation interne de la société ne nous ont pas été accordés officiellement. Le même refus nous a été opposé lorsque nous avons tenté de contacter les deux sociétés privées qui gèrent le complexe sucrier : le groupe français SOMDIAA SA[1] et le Holding IPS-WA SA[2]. Par ailleurs, le climat sécuritaire malsain qui règne dans la région des Cascades depuis 2020 a rendu difficiles les déplacements sur le terrain[3]. Certaines de nos personnes ressources résidaient dans des zones à forts enjeux sécuritaires et dont les voies d'accès étaient bloquées par des groupes terroristes. La psychose s'étant propagée à toutes les populations, nous n'avons pas pu trouver un cadre idéal pour des discussions de groupe avec certains planteurs ou certains syndicats de travailleurs de la compagnie sucrière. L'approche individuelle a donc été privilégiée. Nous espérons pouvoir mener ces enquêtes de terrain dès le retour à une paix durable dans l'ensemble du pays. Ces deux facteurs ont réduit de moitié le nombre initial de personnes ressources à interviewer.

Outre les sources orales et écrites, nous avons exploré d'autres types de sources. Il s'agit des sources iconographiques et des sites Internet. Compte tenu de la place importante que nous avons accordée à l'image dans notre travail, nous avons consulté des cartes topographiques, des plans d'urbanisation et de construction, des images et des schémas du patrimoine sucrier de la SN SOSUCO. Ces visuels ont servi de support aux sources écrites et orales.

En 2006, Michel Beaud constatait que : « Comme l'ordinateur, l'internet prend une place de plus en plus importante dans l'activité des chercheurs »[4]. Nous ajoutons que la place d'Internet est aujourd'hui incontournable dans la recherche scientifique au regard de la globalisation du monde et des avancées technologiques

---

[1] La Société d'Organisation, de Management et de Développement des Industries Alimentaires et Agricoles (SOMDIAA) SA se veut un acteur majeur de l'industrie agro-alimentaire en Afrique. Elle a géré la SN SOSUCO de sa création jusqu'en 1985.

[2] Industrial Promotion Services - West Africa (IPS-WA) SA se veut est une institution de promotion industrielle qui œuvre dans l'industrie et les services, et contribue au développement des pays dans lesquels elle opère. L'entreprise gère la SN SOSUCO depuis 1996.

[3] En effet, depuis 2015, le Burkina Faso a enregistré ses premières attaques terroristes sur son territoire. Dès lors, le pays a connu de nombreuses attaques terroristes, plongeant une partie du territoire dans des zones d'insécurité. Notre zone d'études, la région du Sud-ouest, fait partie de celles menacées par le terrorisme, en témoigne l'attaque de la gendarmerie de Mangodara en 2020 par des hommes armés non identifiés.

[4] Beaud M., *L'art de la thèse*, op. cit., p. 50.

considérables. Les sources Internet nous ont permis ainsi d'avoir accès à une documentation physiquement inaccessible ou disponible uniquement sous forme numérique. Nos recherches sur internet se sont déroulées sur des sites officiels (https://snsosuco.com, https://www.ips-wa.org, https://www.unesco.org/fr) ; des portails institutionnels (https://www.archives-nationales.culture.gouv.fr, http://www.insd.bf, https://www.si.uevora.pt) et des sites de référence (JSTOR, PERSÉE, OpenEdition, CAIRN). Sur ces sites, nous avons principalement exploité des ouvrages, des statistiques et des figures.

En ce qui concerne la nature des sources exploitées, nous avons appliqué deux types d'analyse. Le premier traitement a porté sur la documentation. Après avoir lu les différents ouvrages et iconographies, nous avons réalisé des fiches de lecture. Ces fiches nous ont permis de classer les documents par thème d'étude. Il s'agit entre autres des thèmes suivants : industrie, sucre, aménagement du territoire, patrimoine industriel, patrimoine culturel, mémoire collective, valorisation, centre d'interprétation, storytelling. Pour finir, nous avons réalisé des synthèses sur chaque ouvrage que nous avons utilisées dans le présent travail.

Quant au second traitement, il a concerné les sources orales. Composées essentiellement d'entretiens et de vidéos, nous avons commencé par les écouter ou les visionner. Ensuite, nous avons transcrit tous les entretiens réalisés et les vidéos téléchargées sur des sites officiels. Une fois transcrites, ces sources deviennent des documents écrits et subissent donc le même traitement que nos sources écrites. Cependant, certaines vidéos nous ont permis d'extraire des images inédites que nous avons utilisées dans notre présent travail.

Une analyse synthétique de toutes ces sources nous permet de proposer un plan de travail qui a guidé notre rédaction finale.

L'analyse de notre sujet de recherche s'articule autour de trois chapitres :

- Le premier chapitre retrace l'installation et le développement de la Nouvelle Société Sucrière de la Comoé. Il présente le contexte de la création et de l'installation du complexe sucrier dans la région des Cascades. Ensuite il explique le fonctionnement et l'organisation dudit complexe depuis sa création jusqu'à nos jours.

- Le deuxième chapitre propose une analyse du complexe sucrier de Bérégadougou. Cette analyse met en évidence l'occupation spatiale des champs de canne à sucre et de l'usine sucrière. Elle permet ensuite de présenter la chaîne de production sucrière de la SN SOSUCO, de la culture de la canne à sucre à l'obtention des produits et sous-produits sucriers. Enfin, ce deuxième chapitre évalue l'impact socio-économique de l'entreprise sur la région des Cascades.
- Le troisième chapitre met en évidence la valeur patrimoniale de l'industrie sucrière burkinabè. Ce chapitre commence par présenter la composition du patrimoine sucrier burkinabè, avant de faire deux propositions pour sa mise en valeur. La première proposition concerne la création d'un Centre d'Interprétation du Sucre des Cascades (CISC) pour promouvoir les biens et les sites de l'industrie sucrière. La seconde proposition s'intéresse au storytelling, une technique de communication destinée à promouvoir l'industrie sucrière à travers la réalisation d'histoires émouvantes.

Chapitre I : L'installation et le développement de la Nouvelle Société Sucrière de la Comoé (SN SOSUCO)

Située au cœur de l'Afrique de l'Ouest et entièrement bordée par six autres pays, la Haute-Volta, aujourd'hui Burkina Faso, est un pays continental avec une population de 20 505 155 habitants[1]. Créée le 1er mars 1919 en tant que colonie française, la Haute-Volta a attendu son indépendance le 5 août 1960 pour pouvoir mettre en œuvre une politique industrielle. L'objectif de cette industrialisation, comme ailleurs, était d'amorcer le développement économique du pays. Soixante ans après le démarrage du processus industriel, force est de constater que le Burkina Faso peine à se doter d'une industrie forte au regard des difficultés politiques, économiques et sociales que connaît le pays. Néanmoins, certaines industries parviennent à fonctionner malgré le contexte socio-économique difficile. L'une d'entre elles est la Nouvelle Société Sucrière de la Comoé, abrégée SN SOSUCO. Cette industrie sucrière d'économie mixte a été créée en 1965 dans l'objectif de doter le Burkina Faso de sa propre usine de production et de commercialisation de la canne à sucre. Aujourd'hui, la SN SOSUCO est l'une des rares industries créées après l'indépendance à être encore en activité. Il s'avère donc intéressant de revisiter l'histoire de la SN SOSUCO depuis sa création jusqu'en 2020. Cette analyse nous permettra de comprendre le contexte de création de l'usine, des raisons de l'implantation du complexe sucrier à Bérégadougou et le fonctionnement de l'usine sous le groupe SOMDIAA SA puis sous la holding IPS-WA.

[1] Institut national de la Statistique et de la Démographie (INSD), *Cinquième Recensement général de la Population et de l'Habitation du Burkina Faso, Synthèse des résultats définitifs*, Ouagadougou, INSD, 2e édition, 2022, p. 28, consulté le 27 mars 2023, URL : https://www.insd.bf/fr/file-download/download/public/2066.

I. Le contexte de la création et de l'installation du complexe sucrier au Burkina Faso

Si les années 1970 ont vu la désindustrialisation des systèmes productifs en Europe, en Afrique en général et au Burkina Faso en particulier, l'ère était à l'industrialisation de l'économie. Cette industrialisation a véritablement commencé dans les années 1960 et se poursuit encore au Burkina Faso avec la présence des sociétés comme la SN SOSUCO.

A/ Le paysage industriel du Burkina Faso avant la création du complexe sucrier

1. Les industries pendant la période coloniale

De 1919 à 1960, le bilan de la colonisation française au Burkina Faso est très pauvre en termes d'industrialisation. En effet, la Haute-Volta, à l'instar des autres colonies de l'Afrique Occidentale Française (AOF)[1], avait le statut de colonie d'exploitation au regard des potentialités naturelles et humaines des territoires de l'AOF. L'exploitation de ces ressources naturelles par l'empire colonial français pendant la période coloniale n'a pas abouti à l'installation de nombreuses usines d'extraction et de fabrication en Haute-Volta. La raison fondamentale de la sous-industrialisation du Burkina Faso pendant la période coloniale serait « [...] l'absence d'une politique industrielle rigoureuse »[2]. La métropole s'est contentée d'utiliser le "pacte colonial" dans ses relations avec la colonie. Ce pacte lui garantissait un monopole commercial avec la Haute-Volta. Ainsi, la France préférait exporter les matières premières voltaïques (coton, coques d'arachide, bétail) pour les transformer dans des industries situées en France. En retour, elle ramenait des produits manufacturés en Haute-Volta. L'industrialisation du Burkina Faso n'était donc pas une nécessité pour la France.

---

[1] L'Afrique Occidentale Française (AOF) était un gouvernement général qui a réuni huit (8) colonies françaises d'Afrique de l'Ouest dans une fédération entre 1895 et 1958. Formée en plusieurs étapes, elle comprenait finalement la Mauritanie, le Sénégal, le Soudan français (*actuel Mali*), la Guinée, la Côte d'Ivoire, le Niger, la Haute-Volta (*actuel Burkina Faso*) et le Dahomey (*actuel Bénin*).

[2] Compaoré G., « L'industrialisation de la Haute-Volta », op. cit., p. 12.

À partir de 1939, avec le déclenchement de la Seconde Guerre mondiale, la métropole entreprend d'implanter quelques industries en Haute-Volta pour répondre aux besoins croissants de la France en produits manufacturés. Georges Compaoré, dans sa thèse de doctorat, affirme que : « Le colonisateur, loin de se préoccuper de l'avenir du pays, a surtout implanté quelques unités de production dans le but de servir sa cause »[1]. Ce fut le début d'un faible processus d'industrialisation en Haute-Volta. Parmi ces industries, nous avons essentiellement :

- La Société d'Exploitation des Carburants Coloniaux (SECACO) qui a existé en Haute-Volta entre 1938 et 1953. L'usine devait produire du carburant alternatif à base d'amende de karité[2].
- Le Comptoir des Industries Textiles et Cotonnières (CITEC), créé en 1942 à Bobo-Dioulasso. Cette usine, toujours en activité, est spécialisée dans la production d'huile et de savon. Elle est de ce fait la plus ancienne usine du pays encore en activité.
- L'abattoir municipal de Ouagadougou a été construit en 1954 pour faciliter l'abattage et le transport de la viande. Deux abattoirs frigorifiques ont ensuite été construits à Bobo Dioulasso (1962) et à Ouagadougou (1969).
- L'usine d'égrenage de coton de la Compagnie Française pour le Développement des Textiles (CFDT) a été mise en service en janvier 1957. Aujourd'hui, cette usine continue d'égrener le coton dans huit villes du pays sous le nom de Société des Fibres et Textiles (SOFITEX).
- La création de deux grandes imprimeries à Ouagadougou : l'*imprimerie évangélique* en 1942 et l'*imprimerie des Presses Africaines* (1952).

---

[1] Ibid.

[2] Sissao Claude Etienne, « La SECACO : la création d'une usine en temps de guerre en Haute-Volta. », *Outre-mers*, tome 97, n° 366-367, Images et pouvoir dans le Pacifique, 2010, p. 273, consulté le 30 mars 2023,
URL : https://www.persee.fr/docAsPDF/outre_1631-0438_2010_num_97_366_4466.pdf,
DOI : https://doi.org/10.3406/outre.2010.4466.

- Un entrepôt de boissons en 1955. Cet entrepôt deviendra les *Brasseries de Haute-Volta* (BRAVOLTA) en 1960 et depuis 1984 la *Brakina*, la brasserie nationale.
- Deux boulangeries "industrielles" à Ouagadougou : la boulangerie Attié ouverte en 1956 et la boulangerie-pâtisserie Nouvelle créée en 1958[1].

L'analyse spatiale de toutes les industries créées pendant la période coloniale permet de comprendre que la quasi-totalité des industries n'étaient présentes que dans les cercles de Ouagadougou et de Bobo-Dioulasso. Le cercle de Banfora, à l'instar des autres cercles voltaïques, n'a pas été touché par les autorités coloniales.

Si l'on déplore la faiblesse de l'héritage colonial français dans le domaine industriel, force est de constater que toutes ces industries primitives ont le mérite d'avoir résisté aux nombreuses difficultés socio-économiques du Burkina Faso.

2. Les premières politiques de développement industriel du Burkina Faso

Face au faible niveau d'industrialisation du nouvel État, les autorités politiques de la Haute-Volta des années 1960[2] ont voulu faire de l'industrialisation de l'économie un secteur prioritaire. Cette volonté politique s'est traduite par la formulation de plusieurs politiques de développement industriel au fil des années. Parmi celles qui ont précédé la période de 1965, on peut citer les Politiques d'orientation et le Plan-cadre 1967-1970.

Les Politiques d'orientation

Les autorités politiques voltaïques savaient que l'indépendance politique ne pouvait être atteinte sans indépendance économique, ce qui nécessitait un programme de développement socio-économique

---

[1] Compaoré G., « L'industrialisation de la Haute-Volta », op. cit., p. 23.

[2] Le 5 août 1960, la Haute-Volta, aujourd'hui Burkina Faso, accède à l'indépendance. Cette indépendance est proclamée par Maurice Yaméogo, Président de la République de la Haute-Volta. Le 3 janvier 1966, un soulèvement populaire met fin au régime de Maurice Yaméogo et marque l'arrivée des régimes militaires au pouvoir.

pour le pays. Les objectifs de cette politique d'industrialisation étaient les suivants :

- Améliorer la balance commerciale en réduisant les importations. Pour combler le déficit, l'État favorise l'implantation de petites unités de production de biens manufacturés à forte consommation (ciment, tôle, bois, tissus, chaussures, matériel de cuisson, pneus, etc.) Cette mesure permet non seulement d'ajouter de la valeur au produit intérieur brut, mais aussi de créer de nouveaux emplois pour la population.
- Encourager la construction d'unités industrielles pour transformer les matières premières localement. Des secteurs prioritaires seront déterminés pour accueillir les premières industries. Il s'agit du textile, du pneumatique et de l'agro-alimentaire. C'est notamment cet objectif des autorités politiques qui lancera les réflexions sur la création d'un complexe sucrier national.

Pour mener à bien ces politiques de développement industriel, l'État voltaïque s'est doté d'institutions politiques et financières chargées de piloter les différentes mesures. En 1962, il adopte également un instrument juridique pour règlementer le secteur des investissements : le *Code des investissements*[1]. Ainsi, toutes les conditions politiques et économiques étaient réunies pour favoriser la création d'une société sucrière en Haute-Volta.

La conséquence de ces politiques de développement économique a été l'émergence dès 1962 de nouvelles industries dans l'agro-industriel, le coton et les produits manufacturés. Georges Compaoré résume le secteur industriel en ces termes : « Fin 1965, l'ensemble représentait environ 36 installations industrielles dont 20 à Ouagadougou et 16 à Bobo-Dioulasso »[2].

Plan-cadre 1967-1970

L'objectif du Plan-cadre était de dynamiser l'économie nationale en s'appuyant sur les potentialités de chaque région. Une place centrale a été accordée à la production rurale avec la création d'Organismes Régionaux de Développement (ORD). Ces ORD ont

[1] Compaoré G., « L'industrialisation de la Haute-Volta », op. cit., p. 32.
[2] Ibid., p. 35.

permis d'accroître le potentiel agricole de la région de Banfora au point d'en faire le lieu d'implantation de l'industrie sucrière en 1968. Six autres unités industrielles seront créées en Haute-Volta dans le cadre de la mise en œuvre de ce schéma directeur. Des villes comme Koudougou et Kaya bénéficient de leurs premières unités industrielles. C'est l'industrialisation à l'échelle nationale.

À la fin des années 1970, les résultats des unités industrielles créées par la politique de développement industriel du gouvernement voltaïque sont faibles, mais meilleurs que l'héritage colonial. D'une dizaine d'unités industrielles, le pays en comptait une quarantaine lors de la création du complexe sucrier de Bérégadougou. On peut conclure que la politique de développement industriel était lancée en Haute-Volta.

B/ L'implantation du complexe sucrier à Bérégadougou

Compte tenu de la taille du complexe sucrier qui devrait être installé en Haute-Volta, la recherche et le choix d'un espace approprié étaient une étape primordiale. Cet espace devait permettre de réduire au maximum les coûts d'aménagement et de fonctionnement de l'usine. C'est à cet effet que l'Institut de Recherches Agronomiques Tropicales (IRAT), après plusieurs recherches, a finalement retenu la commune de Bérégadougou dans la région des Cascades pour l'implantation du complexe sucrier de la Haute-Volta[1]. Ce choix s'explique par les potentialités physiques, économiques et humaines de la région. La carte ci-dessous illustre la situation géographique de la SN SOSUCO, située à l'extrême nord de la ville.

[1] Dans les documents juridiques et administratifs de la SN SOSUCO (lois, conventions, correspondances), la commune rurale de Bérégadougou est bien le lieu d'emplacement de la société sucrière du Burkina Faso. Mais la plupart des études économiques, politiques et urbanistiques préliminaires ont localisé la SN SOSUCO à Banfora, commune urbaine et chef-lieu de la région des Cascades. Ainsi, selon la nature du document utilisé, nous situerons la SN SOSUCO à Bérégadougou ou à Banfora.

Figure 1 : Carte de la situation géographique de Banfora

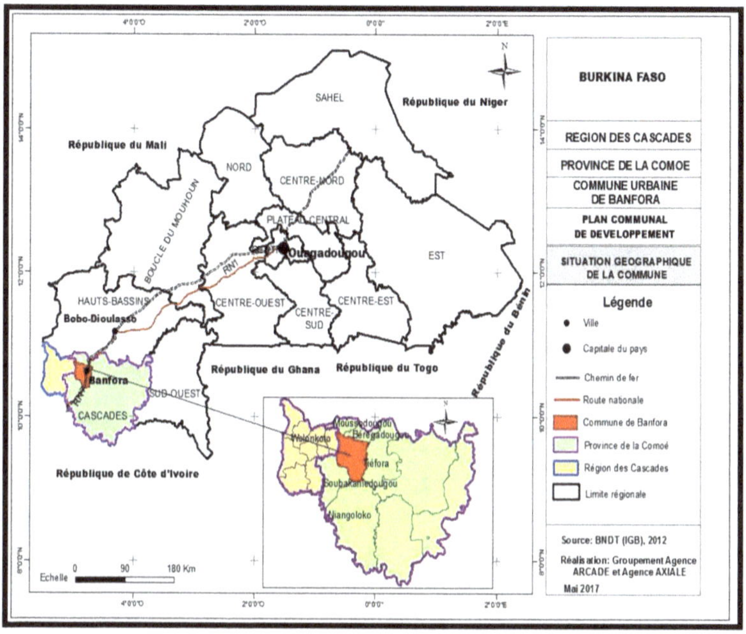

Source : Groupement Agence ARCADE et Agence AXIALE, « Le découpage administratif de la commune », dans Conseil Municipal de Banfora, *Plan Communal de Développement de la Commune urbaine de Banfora*, op. cit., p. 15.

1. Les atouts physiques de la région des Cascades

L'environnement physique de Banfora, chef-lieu de la région des Cascades, présente quatre potentialités favorables à la culture de la canne à sucre. Il s'agit du relief, du sol, du climat et de l'hydrographie.

Le relief et les sols

La commune urbaine de Banfora est située dans une cuvette marquée par un relief plat et élevé. La majeure partie du territoire est relativement plate avec une altitude de 270 m, bien qu'à certains endroits il y ait un relief élevé caractérisé par des escarpements ou ruptures de pente[1]. Pour la culture de la canne à sucre, le relief plat était un atout pour les tiges et le système d'irrigation.

La platitude du relief devrait s'accompagner de sols prédisposés à la culture de la canne. Les études réalisées ont permis de classer les sols de Banfora en trois types : les sols hydromorphes, les sols peu évolués et les sols ferrallitiques ou ferrugineux. Parmi ces sols, seuls les sols hydromorphes se sont révélés favorables à la culture de la canne à sucre en termes de valeurs agronomiques (70-80 % de sable).

Figure 2 : Carte des sols et des bas-fonds de Banfora

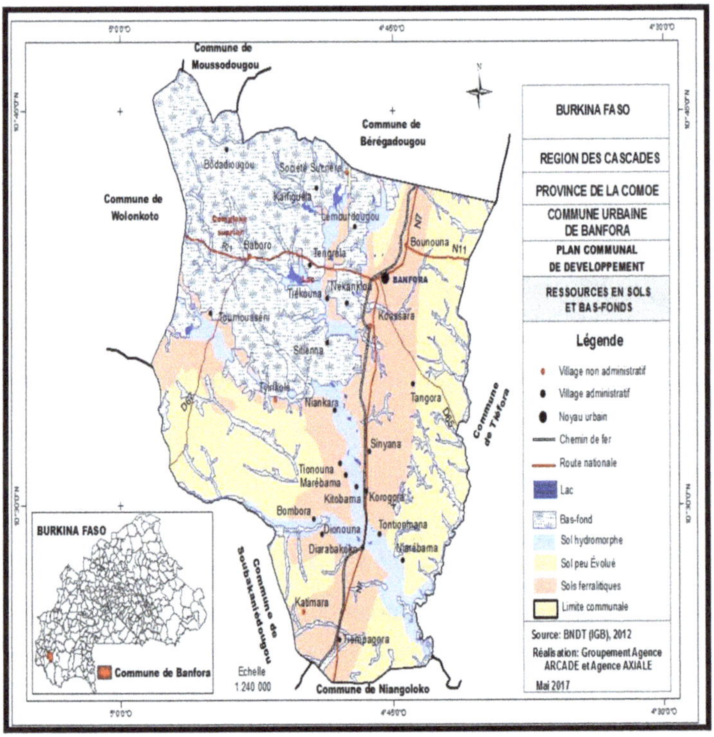

Source : Groupement Agence ARCADE et Agence AXIALE, « Le découpage administratif de la commune », dans Conseil Municipal de Banfora, *Plan Communal de Développement de la Commune urbaine de Banfora*, op. cit., p. 23.

---

[1] Conseil Municipal de Banfora, *Plan Communal de Développement de la Commune urbaine de Banfora : horizon 2019-2023*, Banfora, Commune urbaine de Banfora, 2019, p. 18. [Ouvrage disponible à la Mairie de Banfora]

La carte ci-dessus donne une lecture globale de la diversité des sols de la commune de Banfora. La présence abondante de sols hydromorphes ou bruns eutrophes sur matériaux argilo-sableux est visible au Nord-ouest et au Sud. Cette zone est également la plus riche en bas-fonds, utilisés pour l'irrigation des plantes. Malgré leur faible teneur chimique, ces sols ont été déclarés compatibles avec l'utilisation d'équipements lourds tels que tracteurs, bulldozers, canoteurs, etc. Toutes les conditions étaient réunies pour déclarer ces sols et ce relief aptes à recevoir une plantation de canne à sucre.

Le climat et les ressources en eau

Banfora bénéficie d'un climat tropical humide sud-soudanien, marqué par deux grandes saisons : une saison sèche de cinq mois (novembre-mars) et une saison des pluies de sept mois (avril-octobre). Les températures moyennes annuelles varient entre 17°et 36 ° C. L'humidité, un facteur important pour la croissance de la canne, était supérieure à la moyenne. Entre 1971-1978, une relative humidité de 63 % a été enregistrée à Bérégadougou[1]. Cette humidité favorise la croissance et la maturité de la canne. Un autre facteur climatique déterminant est l'ensoleillement, considéré comme satisfaisant pour la formation du sucre dans les tiges de canne[2].

Le sud-ouest du pays est considéré comme la zone la mieux arrosée en termes de précipitations annuelles. La canne à sucre étant une plante consommatrice d'eau, cette région semblait être l'endroit le plus favorable au développement de cette culture. Entre 1959 et 1967, la moyenne pluviométrique à Banfora a été de 1224,5 mm d'eau par an. Une quantité d'eau jugée suffisante pour les plants de canne. Thierry Hartog ajoute que « Les variations pluviométriques inter-annuelles y sont aussi moins accentuées : elles se situent entre 72 et 130 % des moyennes relevées, alors qu'elles oscillent, dans le Nord du pays, entre 50 et 170 % »[3]. Cette zone s'est révélée être l'une des plus arrosées de la Haute-Volta, et donc propice aux

[1] Ouattara A., « Industrialisation et urbanisation en Haute-Volta. Le cas de Banfora : transformations, problème de croissance urbaine et d'organisation spatiale. », Thèse de doctorat, Université Louis Pasteur, Strasbourg 1, 1982, p. 77, cité par Cissé O., « Une approche historique de l'agro-industrie au Burkina Faso », op. cit., p. 11.

[2] Cissé O., « Une approche historique de l'agro-industrie au Burkina Faso », op. cit., p. 11.

[3] Hartog T., « Le périmètre sucrier de Banfora », art. cit., p. 121.

plantations de canne à sucre. La carte du réseau hydrographique ci-dessous montre la variété et l'abondance des ressources en eau à Banfora.

Figure 3 : Carte du réseau hydrographique de Banfora

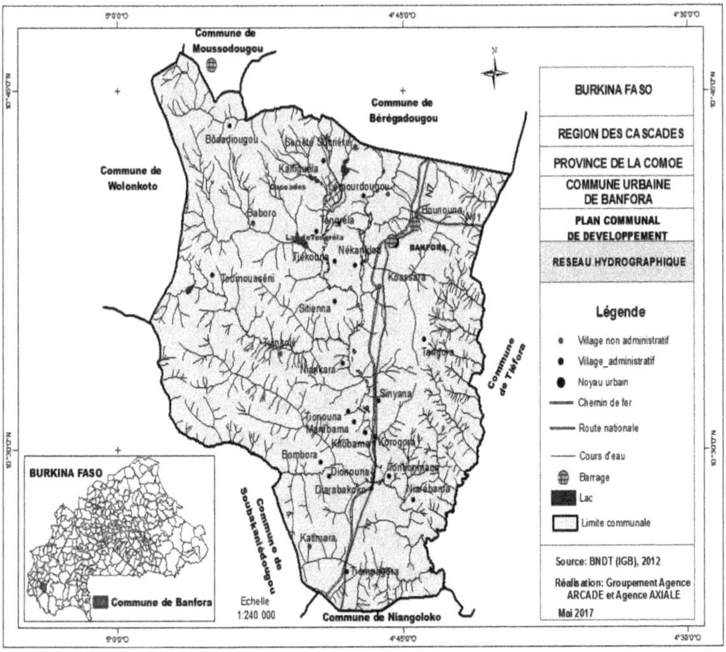

Source : Groupement Agence ARCADE et Agence AXIALE, « Le découpage administratif de la commune », dans Conseil Municipal de Banfora, *Plan Communal de Développement de la Commune urbaine de Banfora*, op. cit., p. 21.

Les fortes précipitations de la région ne suffisent pas à assurer le plein développement des tiges de canne. Il était donc important de disposer de réserves d'eau pour alimenter le système d'irrigation des plantations. En 1965, les réserves d'eau de la région étaient estimées à 51 600 000 m^3.[1] Le barrage de la Comoé (38 millions de m^3)[2] et ses deux affluents, la rivière Yannon et la rivière Béréga, en étaient les principales. Outre l'utilisation de ces réserves d'eau pour l'irrigation des champs, il est prévu de les utiliser pour alimenter les centrales hydroélectriques de sucrerie. Cette mesure devait assurer une relative autonomie à l'ensemble du complexe sucrier.

Si les potentialités du milieu physique pour la culture de la canne à sucre sont satisfaisantes, la SESUHV avait besoin de réunir des conditions humaines et économiques avant de conclure à la possibilité d'installer le complexe sucrier à Bérégadougou.

2. Les potentialités humaines et économiques

La ressource humaine

Les besoins en main-d'œuvre du projet sucrier ont été estimés à 2 000 travailleurs permanents répartis comme suit : 1 500 dans les cultures, 300 dans l'usine et 200 dans les services généraux[3]. En 1965, la population du cercle de Banfora était de 6.661 habitants. La densité humaine était de 10,4 habitants/km^2 contre 20,5 habitants/km^2 au niveau national[4]. Cette faible densité s'explique par l'abondance des zones d'eau. Cependant, il existe un potentiel de main-d'œuvre et la facilité de recrutement est un autre avantage au regard de l'organisation administrative de Banfora. Le caractère agricole de la population a été pris en compte dans la mesure où l'activité principale de ces populations était l'agriculture et la vannerie.

La région de Banfora bénéficiait également d'une position géographique favorable. Dans un rayon de 20 km, on comptait environ 53 500 habitants, ce qui conforte l'idée que la main-d'œuvre est disponible dans cette partie du pays grâce au développement du travail migratoire. La proximité de Banfora avec la deuxième ville de la Haute-Volta, à 82 km de Bobo-Dioulasso, a été un facteur

---

[1] Ministère du Commerce, de l'Industrie et de l'Artisanat, Privatisation de la société sucrière de la Comoé, 1998, p.31, cité par Cissé O., « Une approche historique de l'agro-industrie au Burkina Faso », op. cit., p. 30.

[2] Biaou O. D., « Améliorer la disponibilité des coupeurs de canne à sucre sur un périmètre industriel », op. cit., p. 12.

[3] Centre National des Archives du Burkina Faso, Présidence du Faso, sous-série 7V, 7V408, Correspondance relative au projet de création d'industrie, 1965-1994.

[4] Ibid.

déterminant dans l'offre de main-d'œuvre. En somme, une ressource humaine disponible et qualifiée pourrait être mobilisée à Banfora pour servir dans le futur complexe sucrier de la Haute-Volta.

Les atouts économiques

Le projet sucrier devrait permettre à terme la commercialisation d'un produit de consommation courante : le sucre. Or, les prévisions de consommation de sucre en Haute-Volta étaient progressives pour la période de 1969 à 1977[1]. Le complexe sucrier disposait donc d'un marché pour la consommation de sucre en Haute-Volta. Il y a donc une valeur ajoutée à l'économie de la région de Banfora d'abord et à l'économie nationale ensuite. Cela permettra d'amorcer le processus de désenclavement économique des régions, tel que souhaité par les autorités de la Haute-Volta avec l'adoption de diverses politiques de développement industriel.

Banfora était desservie par la ligne de chemin de fer Abidjan-Ouagadougou. Cette position était très déterminante pour l'implantation du complexe sucrier pour deux raisons. Tout d'abord, la Haute-Volta est un État enclavé sans accès à la mer. Le transport du matériel roulant, des grosses machines et des équipements du complexe sucrier, qui devait se faire par voie fluviale, ne pouvait se faire que par voie ferrée. Une autre importance de ce réseau était son utilisation pour l'approvisionnement en matières premières nécessaires au fonctionnement de l'usine. Le chemin de fer devait servir à l'acheminement du produit fini sur les marchés de l'intérieur et de l'extérieur.

Au vu de ces potentialités physiques, humaines et économiques, la région des Cascades, et en particulier la commune de Bérégadougou, a été proposée comme lieu d'implantation du tout premier complexe sucrier de la Haute-Volta. Une fois le site validé par le gouvernement voltaïque, le projet pouvait continuer son développement.

[1] Archives nationales de France, Direction du développement économique du ministère chargé de la coopération, Fonds 201 MC, 19860346/20, Projet sucrier de Banfora, 1972.

C/ Le processus de création de la SN SOSUCO

La création d'un complexe sucrier d'envergure nationale nécessite un long processus de travail passant par des études de terrain, des notes de réflexion, la recherche de financement, le démarrage des activités industrielles et enfin la mise sur le marché du produit fini.

1. La phase d'études avec la SESUHV

Cette première phase a été importante pour le complexe sucrier de la Haute-Volta car elle a déterminé la fiabilité et la durabilité du projet sucrier. Le 17 août 1965, le gouvernement de la Haute-Volta et la Société industrielle et agricole de Niari (SIAN)[1] signent un *Protocole d'accord*. Cet accord a conduit à la création, le 27 novembre 1965, de la Société d'Études sucrières de Haute-Volta (SESUHV) avec le statut de société anonyme. Cette société a été créée pour une durée de 99 ans et « a pour objet toutes études agronomiques et industrielles pour tous les problèmes de production de canne, de fabrication et de raffinage de sucre et tous problèmes s'y rattachant jusqu'à la commercialisation sur le territoire de la République de la Haute-Volta »[2]. Le gouvernement voltaïque confie à la SESUHV le soin de réaliser pour son compte un programme d'essais et d'expérimentations agronomiques en vue de promouvoir la culture industrielle de la canne à sucre et la création d'une industrie sucrière. Ce programme devrait avoir une durée de quatre ans, de 1965 à 1969[3]. Outre le gouvernement voltaïque, la SESUHV rendait compte à deux autres associés du projet sucrier : la Société Multinationale pour le Développement des Industries alimentaires et agricoles (SOMDIAA) et le gouvernement ivoirien. Le

[1] La Société industrielle et agricole de Niari (SIAN) a été créée au Congo-Brazzaville en 1929 et s'est spécialisée dans la culture et la transformation de la canne à sucre. En 1949 la SIAN est devenue une filiale du groupe français SOMDIAA au Congo sous le nom de SIAN-Congo. Après la privatisation de la SIAN en 1991, la SARIS Congo a été créée pour la remplacer.

[2] Centre National des Archives du Burkina Faso, Présidence du Faso, sous-série 7V, 7V408, Correspondance relative au projet de création d'industrie, 1965-1994.

[3] Archives nationales de France, Direction du développement économique du ministère chargé de la coopération, Fonds 201 MC, 19860346/20, Complexe Agro-Industriel de Banfora, 1972.

23 décembre 1965, la première pépinière est plantée à Bérégadougou et les essais se poursuivent jusqu'en 1974[1] avec une augmentation progressive du nombre de parcelles de canne à sucre.

Pour atteindre ces objectifs, la SESUHV a collaboré avec d'autres structures existantes. Il s'agit de :

- La Société Grenobloise d'Études et d'Applications Hydrauliques (SOGREAH) : elle a réalisé des essais sur les variétés de canne à sucre à cultiver à Bérégadougou et des études sur les possibilités hydrauliques[2] ;
- La Société Générale des Techniques Hydro-Agricoles (SOGETHA) : elle étudie la mobilisation des réserves d'eau ;
- L'Institut de Recherches Agronomiques Tropicales (IRAT) pour la recherche du financement du projet : pionnier dans les études sur la possibilité de cultiver la canne à sucre en Haute-Volta depuis 1960, mais aussi assistant technique à SOMDIAA dans la réalisation du complexe ;
- Le Secrétariat français des Missions d'Urbanisme et d'Habitat (SMUH) : chargé des opérations d'urbanisme de la ville de Banfora dans le cadre de la réalisation du complexe sucrier.

En mai 1968, les études de prospection de la SESUHV sont bien avancées. Elle décide alors de passer à l'étape suivante du projet : la création d'une "agglomérerie de sucre"[3] à Bérégadougou, dans le cercle de Banfora[4].

---

[1] La toute première campagne de récolte de canne à sucre du complexe sucrier de la Haute-Volta a eu lieu au cours de la saison 1974-1975.

[2] Cissé O., « Une approche historique de l'agro-industrie au Burkina Faso », op. cit., p. 15.

[3] Le terme "agglomérerie du sucre" apparaît ainsi dans les archives. Mais nous pensons que ce terme est désuet et qu'il faudrait plutôt parler de « usine d'agglomération sucrière ». Cependant, par souci de conformité avec les sources écrites, nous conserverons l'appellation officielle du terme.

[4] Pour rappel, le site de Bérégadougou n'a pas été la seule zone étudiée. D'autres sites ont été étudiés, comme la vallée du Sourou (au nord-ouest du Burkina Faso) et les sites derrière les barrages. De nos jours, des sites non retenus pour la culture de la canne à sucre ont été aménagés pour la culture du riz.

2. La création d'une usine d'agglomération sucrière

En juillet 1968, la Société Sucrière de Haute-Volta (SOSUHV) est créée pour exploiter une "agglomérerie du sucre" à Bérégadougou, dans le cercle de Banfora[1]. Le début de l'exploitation est prévu pour septembre 1969. L'usine d'agglomération devait avoir une capacité de production de 15 000 tonnes de sucre en morceaux par an. La phase expérimentale des plantations de cannes n'étant pas achevée, la SESUHV a décidé d'approvisionner l'usine d'agglomération en sucre en vrac provenant des territoires membres de l'OCAM. Ces échanges se feront conformément aux *Accords sucriers* en vigueur. Cette usine d'agglomération du sucre a été créée pour être intégrée dans la future sucrerie. Le coût du financement de l'usine d'agglomération du sucre a été estimé à 300 millions de francs CFA avec un apport de crédit de 200 millions. Les 100 millions de francs CFA restants[2] constituaient le capital social de l'agglomérerie et se répartissaient comme suit : 33 millions pour le gouvernement voltaïque, 33 millions pour la SIAN et 34 millions pour les souscripteurs privés[3]. L'usine d'agglomération a fonctionné jusqu'à la création du complexe sucrier en 1972.

3. Le processus de mise en place du complexe sucrier

En 1972, compte tenu des résultats encourageants de "l'agglomérerie du sucre" de Bérégadougou, le gouvernement voltaïque décide de réaliser un complexe sucrier qui engloutira l'usine d'agglomération du sucre. La SESUHV a donc été absorbée par ce complexe sucrier. Un premier contrat est signé le 20 octobre 1972 entre la République de la Haute-Volta et la SOMDIAA pour la réalisation du complexe sucrier : c'est le *Contrat d'établissement*. Il portait sur la culture de 4 000 hectares de canne à sucre sur un total de 10 000 hectares en deux étapes : l'une de 2 250 ha et l'autre

[1] Centre National des Archives du Burkina Faso, ministère du Plan, Commerce, Industrie et Mines, sous-série 17V, 17V93, Société Sucrière de la Comoé : études diverses, 1986, p. 2.

[2] Ce capital social a été finalement porté à 110 millions de francs CFA.

[3] Centre National des Archives du Burkina Faso, ministère du Commerce, du Développement industriel et des Mines, sous-série 31V, 31V145, Création d'une agglomérerie de sucre à Bérégadougou (cercle de Banfora) - *Procès-verbal de réunion*, 1968.

de 1 700 ha. Ce contrat devrait également permettre la construction d'une usine de transformation de la canne à sucre de 30 000 tonnes par an[1], soit le double de l'usine d'agglomération. Le capital social est porté à 1 832 500 francs CFA.

L'année suivante, en 1973, le capital est porté à 1 965 500 francs CFA après la signature du contrat d'établissement entre le gouvernement voltaïque et la SOMDIAA. Cette convention fixe les conditions d'exercice de la multinationale française et définit les avantages fiscaux et douaniers pour le transport du matériel du complexe.

De 1972 à 1974, la SOMDIAA et ses partenaires techniques procèdent à la construction des bâtiments, à la fourniture du matériel agricole et à l'installation des machines de la raffinerie. Les dernières expérimentations sur les variétés de canne à sucre sont achevées et la récolte peut avoir lieu en décembre 1974. Dès 1972, des opérations d'urbanisme sont prévues à Banfora dans le cadre de la construction du complexe agro-industriel. Dirigées par le Secrétariat français des Missions d'Urbanisme et d'Habitat (SMUH), ces opérations devaient déboucher sur un plan d'aménagement de la ville de Banfora[2].

Le 28 janvier 1975, le gouvernement de la Haute-Volta procédait à l'inauguration du complexe sucrier. La SOSUHV venait de mettre sur le marché son sucre granulé issu de ses plantations de canne à sucre. Le 1er juillet 1975, le gouvernement de la République de la Haute-Volta signe officiellement un nouveau contrat avec la SOMDIAA. Ce contrat permet à la multinationale française d'assurer l'assistance technique de gestion et la responsabilité de l'exploitation. Il a été signé pour une période de 10 ans à compter de la date de signature du contrat[3].

---

[1] Cissé O., « Une approche historique de l'agro-industrie au Burkina Faso », op. cit., p. 26.

[2] Centre National des Archives du Burkina Faso, ministère des Travaux publics et de l'Urbanisme, sous-série 40V, 40V28, Société Sucrière de la Haute-Volta : études d'urbanisme de Banfora, levers topographiques, correspondance - *Compte rendu de réunion*, 1972, p. 2.

[3] Archives nationales de France, Direction du développement économique du ministère chargé de la coopération, Fond 201 MC, 19860346/20, Complexe agro-industriel de Banfora, 1972.

La SOSUHV a connu de nombreuses mutations au cours de son évolution. Ces changements sont caractérisés par des périodes de forte croissance économique, des crises de mévente ou des périodes de stabilité économique. La gestion du complexe a été confiée dès le départ à une entreprise privée, puis nationalisée dans les années 80 avant d'être privatisée à la fin du XXe siècle.

II. L'exploitation du complexe sucrier sous la direction du Groupe SOMDIAA

Outre l'État de la Haute-Volta, un autre partenaire est fortement impliqué dans le projet sucrier de la Haute-Volta depuis 1965. Il s'agit de la Société industrielle et agricole de Niari (SIAN) au Congo-Brazzaville, créée en 1947, dont une partie a servi de base à la création de la SOMDIAA en 1970. Sa forte implication et son expertise dans l'industrie sucrière ont certainement conduit l'État voltaïque à confier à la SOMDIAA la gestion de la nouvelle société sucrière en 1975.

A/ Brève présentation de la SOMDIAA

La SOMDIAA (Société d'Organisation, de Management et de Développement des Industries Alimentaires et Agricoles) se positionne aujourd'hui sur le continent africain comme un acteur majeur de l'industrie agroalimentaire. Cette expertise est certainement le fruit de plusieurs décennies d'activités sur ce continent et même en dehors.

1. Histoire de la SOMDIAA

L'aventure de la SOMDIAA commence par le rachat de la Société industrielle et agricole de Niari (SIAN) au Congo-Brazzaville. En 1947, la famille Vilgrain, qui dirige les *Grands Moulins de Paris*, achète une concession au Congo et crée sa première sucrerie de canne à sucre, une minoterie de blé et une huilerie d'arachide. Forte de ce succès, l'entreprise familiale, dirigée par Jean-Louis Vilgrain, décide de poursuivre ses investissements transnationaux compte tenu du potentiel du marché économique. Pour ce faire, la SIAN utilise la stratégie d'internationalisation de la "joint-venture"[1], méthode très influente à l'époque. Ainsi, en quelques années d'existence, elle devient une société transnationale avec des filiales au Cameroun (Société Sucrière du Cameroun créée en 1964), en Haute-Volta (Société Sucrière de Haute-Volta créée en 1965) et au Gabon (Société Meunière et Avicole du Gabon créée en 1969).

En 1969, le gouvernement congolais nationalise la SIAN. Les actionnaires privés se retirent alors pour créer la SOMDIAA au début des années 1970, acronyme qui désigne à l'époque la Société Multinationale pour le Développement des Industries alimentaires et agricoles[2]. La multinationale maintient néanmoins ses rapports d'investissement avec les États africains et des investisseurs privés.

Dans les années 1990, les *Programmes d'Ajustement structurel* (PAS) du Fonds Monétaire International et de la Banque mondiale entraînent des vagues de privatisation dans le secteur économique africain. La SOMDIAA en profite pour racheter de nombreuses entreprises agroalimentaires. La SIAN qu'elle avait perdue au Congo-Brazzaville est rachetée et rebaptisée en 1991 : *Société Agricole de Raffinage Industriel du Sucre du Congo*, en abrégé SARIS Congo. La même année, la *Société le Grand Moulin du Cameroun* (SGMC) est créée. En Côte d'Ivoire, la multinationale crée en 1997 la *Sucrerie Africaine Côte d'Ivoire*, abrégée en SUCAF CI.

En 1995, Alexandre Vilgrain est nommé Président-Directeur Général de la SOMDIAA, à la suite de son père Jean-Louis Vilgrain. Cette nomination place la multinationale au rang des entreprises familiales. Alexandre Vilgrain poursuit la politique de son père en créant de nouvelles filiales et en élargissant le domaine d'activité du Groupe.

Le 3 janvier 2011, les groupes familiaux Vilgrain et Castel fusionnent. Le Groupe Castel est un groupe industriel français créé en 1949 par Pierre Castel pour la production de vins, de bières, de

---

[1] La joint-venture (en français entreprise commune) permet à deux ou plusieurs entreprises de coopérer pour atteindre un objectif spécifique, comme la production d'un bien ou d'un service ou la volonté de conquérir un nouveau marché dans un nouveau pays, ce qui nécessite parfois de lourds investissements et une connaissance du marché.

[2] Thiombiano Taladidia, *L'enclave industrielle : la Société Sucrière de Haute-Volta*, CODESRIA/NENA, [version numérique], 2019, p. 200, ISBN: 978-2-86978-888-6.

boissons gazeuses et de sucre. La famille Castel rachète alors 45 % des actions de la SOMDIAA et apporte ses actifs sucriers de l'Afrique[1]. Il s'agit des sucreries SUCAF Centrafrique, SUCAF Côte d'Ivoire et SUCAF Gabon. En mars 2022, Alexandre Vilgrain est contraint de démissionner et est remplacé trois mois plus tard par Olivier Parent[2].

Afin de mieux gérer sa Responsabilité sociétale, la SOMDIAA a ouvert des *Fondations* (réseau d'associations locales) au sein de chacune de ses filiales à partir de 2010.

De nos jours, se positionnant comme un expert des nouvelles techniques agricoles et agroalimentaires en Afrique, le Groupe SOMDIAA produit et commercialise des matières premières agricoles et des produits alimentaires de base sur les marchés africains de préférence.

2. Domaine d'activités

En 2020, la Société d'Organisation, de Management et de Développement des Industries alimentaires et agricoles compte 15 filiales dans 7 pays d'Afrique et dans l'Océan Indien sur l'île de la Réunion. Ces filiales opèrent principalement dans quatre domaines : le sucre, la farine, l'alimentation animale et les œufs. Ces filiales ont réalisé un chiffre d'affaires de 558,1 millions d'euros en 2020[3].

La production de sucre

Le Groupe SOMDIAA dispose de six filiales en Afrique chargées de produire, de transformer et de commercialiser la canne

---

[1] Magazine Jeune Afrique, « Castel et SOMDIAA, une fusion pur sucre », *Économie*, Mis en ligne le 11 janvier 2011, consulté le 13 avril 2023, URL : https://www.jeuneafrique.com/31207/economie/castel-et-somdiaa-une-fusion-pur-sucre/.

[2] Le Groupe Castel profitera de cette démission pour prendre plus de responsabilités au sein de la SOMDIAA en nommant Michel Palu Président du Conseil d'Administration de la SOMDIAA SA.

[3] *Site web officiel de la SOMDIAA*, consulté le 17 avril 2023, URL : https://www.somdiaa.com/groupe/les-chiffres-cles/.

à sucre sous forme de produits finis auprès des utilisateurs et des consommateurs finaux[1]. Ces filiales sont :

- Compagnie Sucrière du Tchad (CST) : Société Anonyme de droit tchadien créée en 1970 au capital de 10 000 000 000 francs CFA. Son siège social est situé à N'Djamena.
- Société Sucrière du Cameroun (SOSUCAM) : Société Anonyme de droit camerounais créée en 1964 au capital de 13 925 000 000 francs CFA et dont le siège social est à Yaoundé.
- Société Agricole de Raffinage Industriel du Sucre du Congo (SARIS Congo) : Société Anonyme de droit congolais créée en 1991 au capital de 15 200 000 000 francs CFA. Son siège social est situé à N'Kayi.
- Sucrerie Africaine Côte d'Ivoire (SUCAF CI) : Société Anonyme de droit ivoirien créée en 1997 au capital de 21 200 000 000 francs CFA, dont le siège social est à Ferkessédougou.
- Sucrerie Africaine du Gabon (SUCAF Gabon) : Société Anonyme de droit gabonais créée en 1998 avec un capital de 14 250 000 000. Son siège est à Franceville.
- Sucrerie Africaine de Centrafrique (SUCAF RCA) : Société Anonyme de droit centrafricain créée en 2003 au capital de 6 243 460 000 francs CFA et dont le siège social est à Bangui[2].

En 2019, ces six filiales ont produit un total de 358 838 tonnes de sucre et commercialisé 419 065 tonnes de sucre (y compris les

[1] Société d'Organisation, de Management et de Développement des Industries Alimentaires et Agricoles (SOMDIAA), *Rapport Développement Durable*, rapport réalisé en 2019, p. 13, consulté le 14 avril 2023, URL : https://www.somdiaa.com/wp-content/uploads/2015/11/SOMDIAA_Rapport_Developpement_Durable_2019_VODEF.pdf.

[2] Société d'Organisation, de Management et de Développement des Industries alimentaires et agricoles (SOMDIAA), *Dossier de presse*, [version numérique] 2018, p. 5, consulté le 15 avril 2023, URL : https://www.somdiaa.com/wp-content/uploads/2015/11/DP-Somdiaa-2018-VD.pdf.

méventes des années antérieures)[1]. La totalité du sucre produit est issue de la monoculture pluriannuelle de la canne à sucre.

La minoterie

La transformation et la commercialisation du blé sont assurées par cinq filiales de la SOMDIAA. En 2019, 305 833 tonnes de farine ont été produites et 304 181 tonnes commercialisées. Les cinq filiales sont implantées au Gabon (*Société Meunière et Avicole du Gabon*, 1969), au Togo (*Société Générale des Moulins du Togo*, 1972), à la Réunion (*Compagnie Générale d Alimentation*, 1973), au Cameroun (*Société le Grand Moulin du Cameroun*, 1991), et en République Démocratique du Congo (*Société les Grands Moulins du Phare*, 2017)[2].

Autres domaines

Le groupe SOMDIAA est également présent dans le secteur de l'alimentation animale et de l'élevage. En 2019, ces deux filiales ont produit 69 631 tonnes et commercialisé 61 953 tonnes d'aliments et équivalents pour animaux[3]. Certains de ces produits animaliers proviennent de sociétés de minoteries comme la *Société Meunière et Avicole du Gabon* (SMAG). Cette filiale, qui intervient dans la production de farine de blé, a une capacité productive annuelle de 350 000 poussins avec 42,57 millions d'œufs vendus en 2019. Outre la SMAG, la SOMDIAA détient depuis 2014 la *Société Camerounaise pour l'Élevage et la Provende* (SCEP). Cette filiale est spécialisée dans l'alimentation animale pour la volaille.

La société transnationale française ne compte pas s'arrêter à ces quatre domaines d'activité sur le continent africain. Son département *Recherche et Développement* travaille sur la filière maïs pour la transformation et la commercialisation du maïs et ses dérivés. Des

---

[1] Société d'Organisation, de Management et de Développement des Industries Alimentaires et Agricoles (SOMDIAA), *Rapport Développement Durable*, op. cit., p. 15.

[2] Société d'Organisation, de Management et de Développement des Industries alimentaires et agricoles (SOMDIAA), *Dossier de presse*, op. cit., p. 6.

[3] Société d'Organisation, de Management et de Développement des Industries Alimentaires et Agricoles (SOMDIAA), *Rapport Développement Durable*, op. cit., p. 17.

unités industrielles seraient en phase d'expérimentation au Cameroun, en Côte d'Ivoire, au Congo et en Éthiopie[1].

B/ Les actions de la multinationale de 1975 à 1985 en Haute-Volta

Plusieurs accords ont été signés entre la République de la Haute-Volta et la SOMDIAA de 1965 à 1985. Ces accords ont servi de cadre aux actions de la multinationale française dans le cadre du projet sucrier voltaïque. Les actions de la SOMDIAA se sont étalées sur deux décennies : 1965-1975 et 1975-1985.

1. La première décennie : 1965-1975

Les premières actions de la SOMDIAA débutent officiellement en République de la Haute-Volta le 17 août 1965, date de la signature du protocole d'accord entre la SIAN (devenue SOMDIAA en 1970) et la République de la Haute-Volta, aujourd'hui Burkina Faso. De ce protocole d'accord est née la Société d'Études sucrières de Haute-Volta, dirigée par la SIAN. De 1965 à 1969, la SIAN a mené les actions suivantes :

- Des études préliminaires (rapports, comptes rendus, notes, etc.) sur le milieu physique, économique et humain des zones ciblées à accueillir le futur complexe sucrier de la Haute-Volta ont été réalisées au préalable. Ces études, commandées par la SIAN, ont permis de déclarer la région de Banfora comme la plus propice à l'implantation du complexe sucrier.
- Des projets d'aménagement hydraulique ont également été réalisés afin d'étudier les ressources en eau de la région. Ces études ont abouti à la mise en place d'un système d'irrigation des tiges de canne à sucre pendant la saison sèche.
- Des essais agronomiques sur plusieurs variétés de canne à sucre ont été réalisés. L'objectif est de fournir aux pépinières les variétés les mieux adaptées à ce milieu physique.

[1] Ibid., p. 18.

- La recherche de financement pour le projet sucrier de la Haute-Volta. La SOMDIAA a eu la lourde tâche de rassembler les investisseurs privés et publics autour de ce projet et de solliciter des financements auprès des institutions financières sous-régionales et internationales.

Compte tenu de la technicité de certaines actions, la SIAN a collaboré avec des structures spécialisées pour mener à bien certaines activités. Il s'agit notamment de l'Institut de Recherches Agronomiques Tropicales (IRAT), de la Société Grenobloise d'Études et d'Applications Hydrauliques (SOGREAH), ou du Secrétariat français des Missions d'Urbanisme et d'Habitat (SMUH). L'État voltaïque, par l'intermédiaire de ces directions régionales, a également assisté la SIAN dans l'accomplissement de toutes ces missions.

En juillet 1968, la Haute-Volta a créé sa première usine d'agglomération du sucre avec l'assistance technique de la SIAN. Au vu des premières productions encourageantes, cette agglomération sucrière a été transformée en 1972 en complexe sucrier sous le nom de Société Sucrière de Haute-Volta, en abrégé SOSUHV. Un contrat d'assistance technique est signé entre le Gouvernement voltaïque et la SOMDIAA.

De 1972 à 1974, la SOMDIAA multiplie les réalisations en Haute-Volta. Elle assure la construction des bâtiments de l'usine, l'installation des machines de la raffinerie et la fourniture du matériel agricole dans le cadre du *Contrat d'engineering* du 20 octobre 1972. Au même moment, les dernières expérimentations sur les variétés de canne à sucre dans les pépinières sont achevées. En 1975, le complexe sucrier est opérationnel.

2. La deuxième décennie : 1975-1985

Après l'inauguration de la Société Sucrière de Haute-Volta en janvier 1975, le gouvernement de la République de la Haute-Volta décide de confier la gestion et l'exploitation du nouveau complexe sucrier à la SOMDIAA en signant un nouveau contrat. Ce *Contrat de Gestion et d'assistance technique* est signé le 1er juillet 1975 pour une durée de 10 ans. À partir de cette date, tous les actes de l'entreprise française sont régis par ce contrat. Les actions de la SOMDIAA dans la gestion de la SOSUHV se répartissent en plusieurs secteurs.

L'équipement technique

La réussite de ce projet sucrier commençait dans les champs de canne à sucre. Pour ce faire, la SOMDIAA a acquis un important matériel agricole afin de rentabiliser la culture de la canne et le système agricole qui l'accompagne. Ce matériel comprend des véhicules légers, des véhicules lourds (tracteurs, camions-bennes, remorques) et des machines spéciales. Ce matériel était utilisé pour la culture, l'irrigation, la coupe et au transport de la canne des plantations à l'usine. Ils servaient également à la mobilité des travailleurs dans les plantations. La SOMDIAA a commencé avec 30 ha de pépinières en 1972[1] et n'a pu développer que 4 210 ha sur les 10 000 ha prévus.

La transformation de la canne à sucre devait se faire dans une unité industrielle sophistiquée et moderne. Pour ce faire, la SOMDIAA signe en 1972 un *Contrat d'ingénierie* avec la société française Fives Lille-Cail pour la construction de l'usine. Cette entreprise s'associe avec une société belge (UCMAS) pour la fourniture des équipements[2] et à une société française (UDEC Volta) pour le montage des équipements à Bérégadougou. Au final, le complexe sucrier dispose d'une cour à cannes, d'un bâtiment industriel, d'un magasin à sucre, d'un atelier de production, d'une raffinerie, d'un laboratoire et de bureaux administratifs. Ces prestations d'ingénierie ont permis la mise en service en 1975 d'une sucrerie dont la capacité de production est estimée à 30 000 tonnes par an.

La production et la commercialisation du sucre

Les données statistiques relatives à la production et à la vente de sucre SOSUVH n'ont pas suivi la même évolution. Le *Tableau 1* et le *Graphique 1* ci-après illustrent cette disparité.

[1] Archives nationales de France, Direction du développement économique du ministère chargé de la coopération, Fond 201 MC, 19860346/19, Contrat d'ingénierie Fives Lille-Cail, 1972, p. 3.
[2] Ibid., p. 2.

Tableau 1 : L'évolution de la production et des ventes de la SOSUHV de 1974-1985

Années	1974-1975	1975-1976	1976-1977	1977-1978	1978-1979	1979-1980	1980-1981	1981-1982	1982-1983	1983-1984	1984-1985
Production (tonnes)	5805	16129	20793	30214	31018	27838	25506	28406	27702	26939	27369
Vente (tonnes)	-	-	-	-	29178	30380	30252	32322	31013	32140	29863

Source : Centre d'archives de la SOSUHV, *Statistiques des ventes 1974 à 2007*, tableau cité par Cissé O., « Une approche historique de l'agro-industrie au Burkina Faso », op. cit., p. 64.

Graphique 1 : L'évolution de la production et des ventes de la SOSUHV de 1974-1985

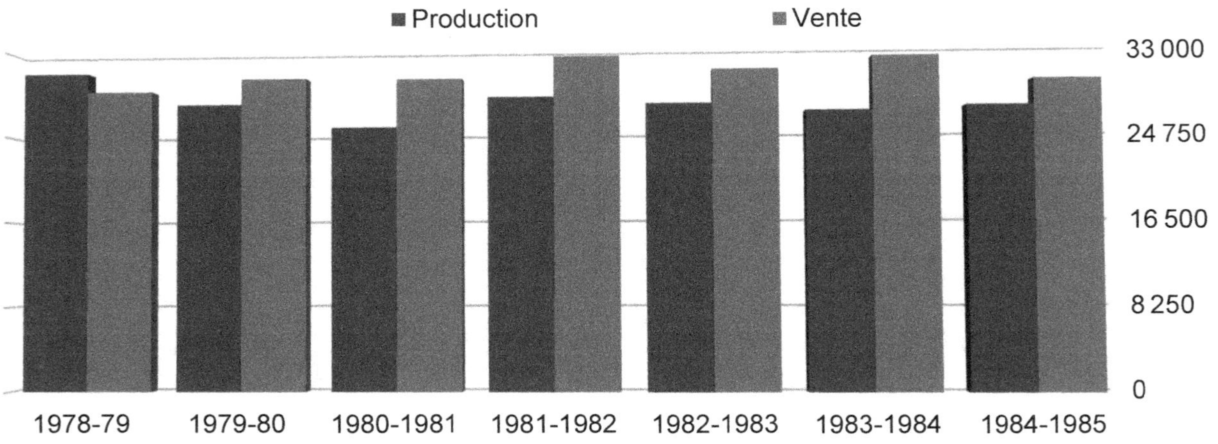

Source : Bancé Thomas Frank, graphique généré à partir des données du tableau ci-dessus, avril 2023.

Tout d'abord, en observant la chaîne de production de la SOSUHV, on distingue deux grandes périodes. La première période s'étend de la campagne 1974-1975 à celle de 1978-1979. Durant cette période, la quantité de sucre produite par l'usine augmente à chaque campagne, passant de 5 805 tonnes en 1974 à 31 018 tonnes en 1978, soit une augmentation de 531 %. Puis, à partir de la campagne 1979-1980, la production chute de 31 018 à 27 828 tonnes de sucre avant de se stabiliser entre 1980 et 1985. Cette baisse de production sous la direction de la SOMDIAA pourrait être justifiée par le faible rendement des champs de canne à sucre (70 à 100 tonnes par ha)[1]. Nous reviendrons sur les raisons des faibles rendements des champs de canne à sucre qui ont marqué le début de l'instabilité économique du complexe sucrier.

En ce qui concerne les ventes de sucre, nous n'avons pas eu accès aux statistiques des quatre premières années de vente de la SOSUHV (1975-1978), ce qui nous a contraint à ne présenter le graphique qu'à partir de la saison 1978-1979. Dans le Graphique 1, on constate que la production de la SOSUHV ne correspond pas à ses ventes pour la même période, alors que la société était censée vendre ce qu'elle produisait. En effet, la quantité de sucre vendue était supérieure à la production (sauf pour la campagne 1979-1980). Ceci est dû à la vente du sucre importé par la SOMDIAA conformément à la *Convention d'établissement* de 1972 afin de satisfaire les besoins nationaux en sucre.

Sur le plan financier[2], la SOMDIAA a obtenu des résultats relativement satisfaisants. L'exercice comptable 1984-1985 fait apparaître un chiffre d'affaires de 8 596 879 267 francs CFA, une valeur ajoutée de 4 644 410 074 francs CFA et un bénéfice net de 638 929 649 francs CFA[3]. Il est évident que l'on aurait pu s'attendre à un bilan beaucoup plus élevé après 10 ans de gestion de la SOMDIAA, mais à défaut, il faudra se contenter d'un solde

---

[1] Thiombiano T., *L'enclave industrielle*, op. cit., p. 181.

[2] Nos recherches ne nous ont pas permis d'obtenir un état financier complet de la SOSUHV pour la période allant de 1975 à 1985. Seule l'année 1985 est présentée ici.

[3] Centre National des Archives du Burkina Faso, ministère du Plan, Commerce, Industrie et Mines, sous-série 17V, 17V93, Société Sucrière de la Comoé : études diverses - *Dossier soumis à la Commission nationale des Investissements pour bénéficier du régime A du Code des investissements*, 1988, annexe 2, p. 7.

excédentaire en fin d'année. En 1982, Thiombiano Taladidia estimait que les investissements de la SOSUHV gérés par la SOMDIAA s'élevaient à 11,5 milliards de francs CFA[1]. Il s'agit du plus important investissement réalisé dans une unité industrielle en Haute-Volta.

Les travaux connexes

Outre la gestion administrative et technique de la Société Sucrière de Haute-Volta, la SOMDIAA a mené d'autres actions pour faciliter la productivité du complexe sucrier. Parmi ces actions, on note la construction d'une cité pour les cadres à proximité de l'usine. Selon les dirigeants de la SOSUHV, ces villas permettraient de rapprocher les directeurs de service (des travailleurs étrangers)[2] de l'usine. La SOMDIAA a contribué à faciliter la mobilité des travailleurs de l'usine en mettant à leur disposition des camions. Cette mesure a permis d'optimiser les horaires de travail des ouvriers qui habitaient parfois à des dizaines de kilomètres du complexe. Toujours dans le domaine du transport, la société a construit des pistes et des routes rurales pour faciliter la mobilité de la population environnante, au bénéfice de la toute la région[3].

Dans le cadre de sa responsabilité sociétale, la SOSUHV a construit un dispensaire (ouvert aux travailleurs et à leurs familles, ainsi qu'à la population environnante) et une école primaire de trois classes pour promouvoir l'alphabétisation dans la région[4]. Des subventions seraient accordées pour le fonctionnement de certains services publics dans la région et pour des activités sportives, culturelles et sociales[5].

---

[1] Thiombiano T., *L'enclave industrielle*, op. cit., p. 190.

[2] Dans la documentation des employés de la SOSUHV, les cadres non voltaïques sont appelés "expatriés". Aujourd'hui, le mot expatrié désigne une personne qui a été contrainte de quitter son pays d'origine. Les cadres recrutés par la SOMDIAA ayant quitté volontairement leurs pays, nous préférons les appeler "travailleurs étrangers".

[3] *Site web officiel de la SN SOSUCO*, consulté le 13 juillet 2023, URL : https://snsosuco.com/engagement/rse.

[4] Thiombiano T., *L'enclave industrielle*, op. cit., p. 178.

[5] *Site web officiel de la SN SOSUCO*, consulté le 13 juillet 2023, URL : https://snsosuco.com/engagement/rse.

Les dix années passées par la transnationale française à la tête de la SOSUHV ne peuvent se résumer à un bilan positif. Dans la suite de notre analyse, nous présenterons les manquements de la SOMDIAA au contrat d'assistance technique et de gestion du complexe sucrier.

C/ Les transgressions de la SOMDIAA dans la gestion du complexe sucrier

Deux accords principaux ont régi les activités de la SOMDIAA en Haute-Volta. Il s'agit de la *Convention d'établissement* du 20 octobre 1972 et du *Contrat de conseil et d'assistance technique pour la gestion du Complexe sucrier de Banfora* du 1er juillet 1975.

1. Les écarts dans l'application des textes juridiques

La SOMDIAA a eu peu de résultats positifs en termes d'investissements financiers, au point qu'elle n'a pas pu faire face à certains engagements vis-à-vis de l'État voltaïque. Le premier manquement dans l'application de la Convention d'établissement concerne le TITRE IV, article 12, paragraphe 2, qui stipule que la SOSUHV s'engage à réinvestir au moins 20 % de ses bénéfices réalisés en Haute-Volta pour d'autres entreprises conventionnées[1]. Malgré les bénéfices enregistrés à la fin de l'exercice, la SOSUHV n'a aucunement pu investir ces 20 %. Ce non-respect des engagements s'explique par la santé financière fragile de la société sucrière : fonds de roulement insuffisant, perte d'une partie du capital des actionnaires, frais financiers élevés et amortissements accélérés[2]. De sérieuses difficultés financières semblent affecter la société à partir de 1982.

Dans le *Titre V- Obligations de la Société*, il est écrit à l'article 13 que la SOSUHV est tenue de faire appel à des entreprises locales dans le cadre des réalisations bénéficiant des avantages du Gouvernement voltaïque (exonération fiscale et douanière). Sans

---

[1] Centre National des Archives du Burkina Faso, ministère du Plan, des Mines et de l'Industrie, sous-série 41V, 41V234, Société Sucrière de Haute-Volta : études diverses - *Convention d'établissement entre le Gouvernement de la Haute-Volta et la Société Sucrière Voltaïque*, 1972, p. 4.

[2] Thiombiano T., *L'enclave industrielle*, op. cit., p. 206.

connaitre les raisons du retrait de la SOMDIAA, nous constatons que la majorité des entreprises auxquelles elle a fait appel étaient étrangères, avec une prédominance des entreprises françaises. C'est le cas de Fives Lille-Cail (construction du complexe sucrier), UDEC Volta (montage de l'usine), SOGETHA (études hydro-agricoles), SOGREAH (aménagement hydraulique), IRAT (études agronomiques), SMUH (aménagement du territoire et urbanisme), etc. Il est tentant de penser qu'il existerait un système de favoritisme, d'octroi délibéré d'avantages aux entreprises françaises au détriment des entreprises voltaïques, et donc une violation de la Convention d'établissement.

Au titre des prestations sociales, la SOSUHV de l'époque n'a pas respecté ses engagements au titre de l'article 25. L'État voltaïque avait engagé la SOSUHV à loger ses cadres dans la ville de Banfora afin de les intégrer dans la société locale[1]. Malheureusement, cette intégration sociale n'a pas eu lieu sous la SOMDIAA car celle-ci a décidé de construire une cité pour ses cadres à Bérégadougou, à 50 mètres de l'usine. Cette cité, composée de 28 villas F3, était destinée aux cadres étrangers de l'usine. Le choix de la SOMDIAA a certainement créé des sentiments d'inégalité et de ségrégation par rapport aux autres travailleurs de l'usine. Aujourd'hui, la plupart de ces villas sont en ruine, par manque d'occupation humaine et d'entretien.

En ce qui concerne les droits d'exonération fiscale et les diverses taxes perçues par l'État sous le régime de la SOMDIAA, il y a une irrégularité voire une absence d'acquittement de ces droits fiscaux au regard des articles 39-40. En effet, l'article 39 exonérait la SOSUHV du paiement des taxes locales sur le chiffre d'affaires pendant une période de cinq ans à compter de sa création, c'est-à-dire en 1975[2]. Ainsi, le paiement de ces taxes devrait se refléter dans les bilans à partir de l'exercice 1979-1980. Or, si l'on examine les statistiques collectées par Thiombiano pour les exercices de 1974-75 à 1980-81[3], on constate qu'aucune taxe sur le chiffre d'affaires

---

[1] Centre National des Archives du Burkina Faso, ministère du Plan, des Mines et de l'Industrie, sous-série 41V, 41V234, Société Sucrière de Haute-Volta : études diverses - *Convention d'établissement*, op. cit., p. 7.

[2] Ibid., p. 11.

[3] Thiombiano T., *L'enclave industrielle*, op. cit., p. 192.

n'a été payée. Quant à l'article 40 de la Convention d'établissement, il stipule que :

> « La société devra acquitter sur le sucre brut ou raffiné importé, lors de sa mise à la consommation, une taxe unique dont le montant est égal à la fiscalité globale fixée pour les produits similaires d'importations. Cette taxe sera liquidée sur la valeur mercuriale prévue pour les produits »[1].

Là encore, la réalité est toute autre. Le gouvernement voltaïque a autorisé la SOSUHV à importer du sucre pour répondre aux besoins de la consommation nationale de sucre. Cela explique pourquoi la quantité de sucre vendue par la SOSUHV soit supérieure à la quantité de sucre produite. Par conséquent, il devrait y avoir une ligne consacrée à la taxe sur les importations de sucre dans chaque période comptable. Or, l'analyse des données collectées par Thiombiano montre que la SOSUHV a payé 132 312 583 francs CFA de taxe pour l'exercice 1974-1975. Ensuite, aucun paiement de cette taxe n'apparaît pour les six exercices suivants, comme si la SOSUHV avait cessé d'importer du sucre. Cependant, les quantités de sucre produites et vendues ont continué à différer jusqu'en 1985.

Au vu de toutes ces irrégularités, on pourrait penser que la transnationale française a fait preuve de laxisme fiscal dans sa gestion de la SOSUHV. Ces irrégularités constituent un manque à gagner important pour le secteur industriel et l'économie voltaïque en général.

2. La gestion des effectifs à l'époque de la SOMDIAA

La SOSUHV est la seule entreprise de l'époque à compter environ 5 500 employés. Ces 5 500 employés sont repartis en : 2 000 permanents (1 500 aux champs, 300 à l'usine et 200 aux services généraux), 500 contractuels et 3 000 saisonniers (coupeurs

[1] Centre National des Archives du Burkina Faso, ministère du Plan, des Mines et de l'Industrie, sous-série 41V, 41V234, Société Sucrière de Haute-Volta : études diverses - *Convention d'établissement*, op. cit., p. 11.

de canne)[1]. La gestion de cette main-d'œuvre a nécessité une grande habileté pour atteindre les objectifs de la société tout en favorisant un environnement de travail sain et respectueux des travailleurs. Il semble que la Direction de la SOMDIAA ait privilégié la rentabilité du complexe au détriment d'un climat de travail sain. Selon Oumar Cissé, les travailleurs étaient régulièrement sous pression avec des conditions de travail et de mobilité précaires[2]. Les ouvriers auraient été transportés dans des camions ouverts, exposés au vent et à la poussière. Cette précarité a entraîné de nombreux accidents et maladies de travail. De plus, les employés subissaient des licenciements arbitraires, des sanctions abusives et des mutations injustifiées. Face à cette gestion, les employés se sont organisés en syndicats pour mieux défendre leurs droits du travail et mettre fin aux injustices. Les syndicats les plus importants sont le *Syndicat des Travailleurs de la Canne à Sucre* (SYNTCAS) et le *Syndicat Voltaïque des Travailleurs de Canne à Sucre* (SVTCS)[3].

Malgré la pénibilité de leur travail, les salaires des employés nationaux de la SOSUHV ne sont pas à la hauteur de leurs attentes[4]. Pire, il existe un écart important entre les salaires des cadres nationaux et ceux des cadres étrangers. Outre les avantages considérables dont bénéficient les employés étrangers (logement, eau, électricité, billets d'avion pour leur famille), leurs salaires dépassent largement ceux de leurs collèges nationaux. En 1980, la SOSUHV comptait 47 cadres, dont 29 nationaux et 18 étrangers. Alors que le salaire moyen des nationaux (62 % du personnel de l'usine) était de 231 430 francs CFA, celui des étrangers (38 % du personnel de l'usine) était de 649 315 francs CFA[5]. L'environnement de travail à la SOSUHV sous la direction de SOMDIAA était tendu.

---

[1] Centre National des Archives du Burkina Faso, ministère du Plan, Commerce, Industrie et Mines, sous-série 17V, 17V93, Société Sucrière de la Comoé : Annexe, 1985, p. 5.

[2] Cissé O., « Une approche historique de l'agro-industrie au Burkina Faso », op. cit., p. 72.

[3] Ibid., p. 73.

[4] En l'absence des données statistiques sur les salaires des employés, toutes catégories confondues, nous nous sommes contentés des témoignages des travailleurs lors des enquêtes de terrain réalisées par nos prédécesseurs. Nous nous référons notamment aux travaux de Thiombiano Taladidia et de Cissé Oumar.

[5] Thiombiano T., *L'enclave industrielle*, op. cit., p. 216.

3. Le climat politique en Haute-Volta dans les années 1980

La décennie 1980-1991 a été marquée politiquement par la succession de trois régimes d'exception au Burkina Faso. Il s'agit du *Comité militaire de Redressement pour le Progrès national* (CMRPN) de 1980 à 1982, du *Conseil du Salut du Peuple* (CSP) de 1982 à 1983 et du *Conseil National de la Révolution* (CNR) de 1983 à 1987. Les nouveaux dirigeants ont annoncé de grandes réformes dans tous les secteurs pour stimuler le développement du pays et réaffirmer son indépendance. Sous le CNR de Thomas Sankara, des mesures fortes sont prises. Le 4 août 1984, le pays change de nom, passant de la Haute-Volta au Burkina Faso, qui signifie "le pays des hommes intègres". En conséquence, de nombreuses dénominations ont changé. Les nouvelles autorités décident de rebaptiser la SOSUHV en 1984 en Société Sucrière de la Comoé, abrégée en SOSUCO. Le gouvernement augmente alors le capital et détient la majorité absolue des actions. Les nouvelles autorités voulaient mettre fin à toute ingérence extérieure dans les affaires intérieures du pays et rompre tout lien colonial. La gestion de la plus grande unité industrielle du pays par la SOMDIAA, une entreprise française, était très mal perçue. En conséquence, le Gouvernement burkinabè a refusé de renouveler le Contrat d'assistance technique qui avait expiré en 1985. La Société Sucrière de la Comoé est nationalisée après le départ de la transnationale française SOMDIAA. Cette nationalisation s'inscrit dans le cadre d'une série de réformes économiques nationales. Le CNR voulait contrôler la production et augmenter la rentabilité de ces industries.

C'est dans ce contexte social et économique que les longues années de collaboration entre le gouvernement du Burkina Faso et la Société d'Organisation, de Management et de Développement des Industries alimentaires et agricoles ont pris fin. La SOMDIAA reste cependant actionnaire de la société sucrière du Burkina Faso.

III. La nationalisation du complexe sucrier de la Comoé

Alors que jusqu'en 1985, l'État burkinabè se contentait d'être actionnaire de son unique société sucrière, il a décidé de prendre plus de responsabilités en la nationalisant. Par ce choix, le Gouvernement burkinabè a voulu opérer un véritablement changement de paradigme dans la gestion de ses unités industrielles. Ainsi, de 1985 à 1998, une série d'actions ont été menées pour donner un nouvel élan à la SOSUCO.

A/ Les grandes mutations opérées à la SOSUCO

Les changements effectués au sein du complexe sucrier par l'État burkinabè sont de deux ordres : les changements formels et les changements structurels.

1. L'évolution des textes juridiques

Suite à la nouvelle dénomination du pays décrétée le 4 août 1984, le *Conseil National de la Révolution* change le nom du complexe sucrier comme mentionné précédemment. La Société Sucrière de Haute-Volta (SOSUHV) devient la Société Sucrière de la Comoé (SOSUCO)[1]. Ce nouveau nom tient compte de la localisation de la société, à savoir la province de la Comoé située dans la région des Cascades[2]. La SOSUCO reste une société d'économie mixte et son siège social demeure à Banfora, chef-lieu de la province de la Comoé.

Par ailleurs, l'État a pris l'initiative de doubler le capital social de l'entreprise. De 3 115 500 000 francs CFA en 1975, le nouveau capital est porté à 6 031 050 000 francs CFA. Cette mesure a permis à l'État de devenir l'actionnaire majoritaire, détenant près de 83 % des actions. La SOMDIAA se retrouve avec 6,05 % des actions[3]. Pour rappel, en 1975, le gouvernement ne détenait que 73,09 %, la République de Côte d'Ivoire 16,02 % et la SOMDIAA 8,09 %. Ci-dessous la répartition du capital social de la SOSUCO en 1985.

---

[1] Centre National des Archives du Burkina Faso, ministère du Plan, Commerce, Industrie et Mines, sous-série 17V, 17V93, Société Sucrière de la Comoé : Présentation générale, 1988, p. 1.

[2] La province de Comoé tire également son nom du fleuve Comoé, principale source d'eau du complexe sucrier et de toute la région des Cascades.

[3] Centre National des Archives du Burkina Faso, ministère du Plan, Commerce, Industrie et Mines, sous-série 17V, 17V93, Société Sucrière de la Comoé : Présentation générale, op. cit., p. 1.

Tableau 2 : La répartition du capital social de la SOSUCO en 1985

Désignation	État burkinabè		Organismes paraétatiques		Privés burkinabè		République de Côte d'Ivoire		SOMDIAA		Privés étrangers	
	FCFA	%	FCFA	%	FCFA	%	FCFA	%	FCFA	%	FCFA	%
Capital de la SOSUCO en 1985	3983060000	66,05	996440000	16,52	6590000	0,11	646230000	10,72	365570000	6,05	33160000	0,55

Source : Centre National des Archives du Burkina Faso, ministère du Plan, Commerce, Industrie et Mines, sous-série 17V, 17V93, Société Sucrière de la Comoé : Présentation générale, op. cit., p. 1.

Graphique 2 : La répartition du capital social de la SOSUCO en 1985

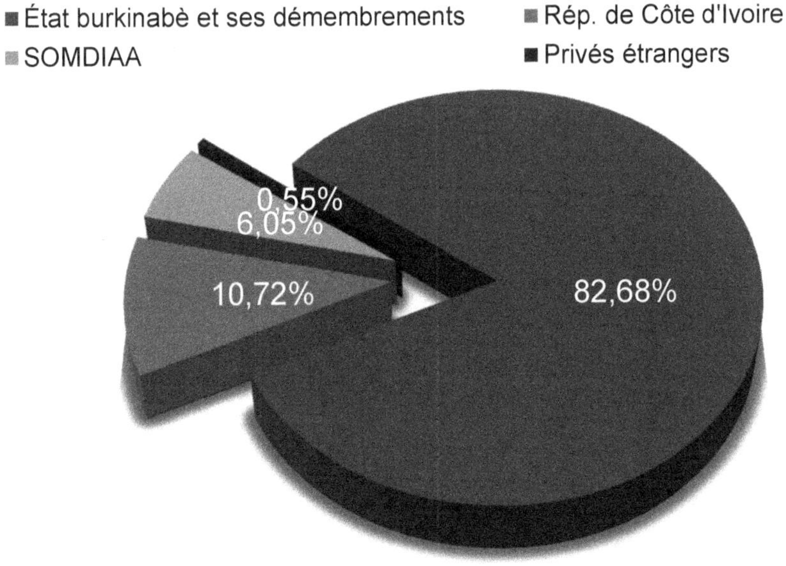

Source : Bancé Thomas Frank, graphique généré à partir des données du tableau ci-dessus, avril 2023.

2. Le processus de redressement économique de la SOSUCO

Tous les régimes politiques du Burkina Faso, y compris les régimes d'exception, se sont intéressés au complexe sucrier du pays en raison de son importance socio-économique. La baisse des rendements de la SOSUCO au début des années 1980 était le signe de difficultés d'exploitation. Ainsi, en mars 1983, la Commission de contrôle du *Conseil du Salut du Peuple* (CSP) a établi un rapport de mission sur le complexe sucrier. Les résultats de ce rapport sont accablants et constituent l'un des premiers documents officiels dénonçant la gestion malsaine de la SOMDIAA à la tête du complexe. En effet, les faits dénoncés sont entre autres : le commerce illégal et la concurrence déloyale exercés par le Directeur d'exploitation de la SOSUCO, M. Jean Bernard Joseph André Cabot ; la rétention fiscale ; la mauvaise gestion du personnel ; le laxisme de la SOMDIAA dans l'embauche des cadres étrangers et dans la gestion financière de la SOSUCO ; la centralisation des pouvoirs entre les mains du Directeur d'exploitation ; etc[1]. Malheureusement, les autorités politiques n'ont pas eu le temps de réagir à ces infractions car, le 4 août 1983, un coup d'État a mis fin au régime du président Saye Zerbo.

Le *Conseil National de la Révolution* (CNR) du capitaine Thomas Sankara prend le pouvoir en 1983. Face aux nombreux dysfonctionnements de la SOSUCO, les autorités ne renouvellent pas le contrat de gestion et d'assistance de la SOMDIAA signé en 1975 et qui expire en 1985. La SOSUCO passe sous la direction du CNR après avoir été déclarée entreprise publique au Burkina Faso. Cette mesure s'inscrit dans le cadre de la nouvelle *Politique industrielle du Burkina Faso dans le cadre du Plan quinquennal 1986-1990*. La politique industrielle du CNR vise trois objectifs : l'autosuffisance alimentaire, la satisfaction des besoins essentiels de la population et la valorisation des ressources nationales[2]. La volonté de renforcer la production de la SOSUCO répond au premier objectif de cette politique. En juillet 1986, la Caisse Nationale de Crédit Agricole (CNCA) a financé le *Programme d'investissement de la SOSUCO* à hauteur de 658 000 000 de francs CFA. Les autorités du CNR justifient l'adoption de ce programme d'investissement en ces termes :

> « Après une dizaine d'années d'exploitation, la société commence à sentir de véritables besoins d'investissements et de renouvellement d'investissement. Cela vient aussi du fait qu'elle doit s'adapter aux problèmes quotidiens, se moderniser et rationaliser sa production pour en tirer le meilleur profit »[3].

---

[1] Centre National des Archives du Burkina Faso, ministère du Plan, Commerce, Industrie et Mines, sous-série 17V, 17V109, Aménagement du périmètre de Banfora - *Rapport sur une mission effectuée à la Société Sucrière de Haute-Volta du 21 au 26 mars 1983*, 1983, 37 p.

[2] Centre National des Archives du Burkina Faso, Présidence du Faso, sous-série 7V, 7V405, Situation des industries burkinabè - *Politique industrielle du Burkina Faso dans le cadre du Plan quinquennal 1986-1990*, 1985, p. 1.

[3] Centre National des Archives du Burkina Faso, ministère du Plan, Commerce, Industrie et Mines, sous-série 17V, 17V93, Société Sucrière de la Comoé : Présentation générale - *Programme d'investissement soumis à la caisse nationale de crédit agricole*, 1986, p. 2.

Toutes ces nouvelles mesures ont contribué à la stabilisation immédiate de la production et des ventes de la SOSUCO. Elles ont ensuite amélioré la rentabilité de la SOSUCO pendant toute la période de sa nationalisation, de 1985 à 1998. Le tableau suivant présente l'évolution de la production et des ventes de sucre.

Tableau 3 : L'évolution des ventes, de la production et du chiffre d'affaires de la SOSUCO

Années	Production (tonne)	Vente (tonne)	Chiffres d'affaires (milliard FCFA)
1985-1986	26 939	**27 990**	**8 473**
1986-1987	26 440	29 440	8 901
1987-1988	26 093	29 041	9 187
1988-1989	21 919	28 704	9 217
1989-1990	27 781	30 166	9 822
1990-1991	24 795	31 005	10 055
1991-1992	28 662	30 770	10 038
1992-1993	28 144	28 829	9 485
1993-1994	31 141	34 541	11 391
1994-1995	28 995	35 071	13 205
1995-1996	28 303	38 323	14 635
1996-1997	**31 900**	38 535	**14 700**
1997-1998	28 500	**40 000**	13 900

Source : Centre d'archives de la SOSUHV, *Statistiques des ventes 1974 à 2007*, tableau cité par Cissé O., « Une approche historique de l'agro-industrie au Burkina Faso », op. cit., p. 64.

Graphique 3 : L'évolution de la production et des ventes de la SOSUCO

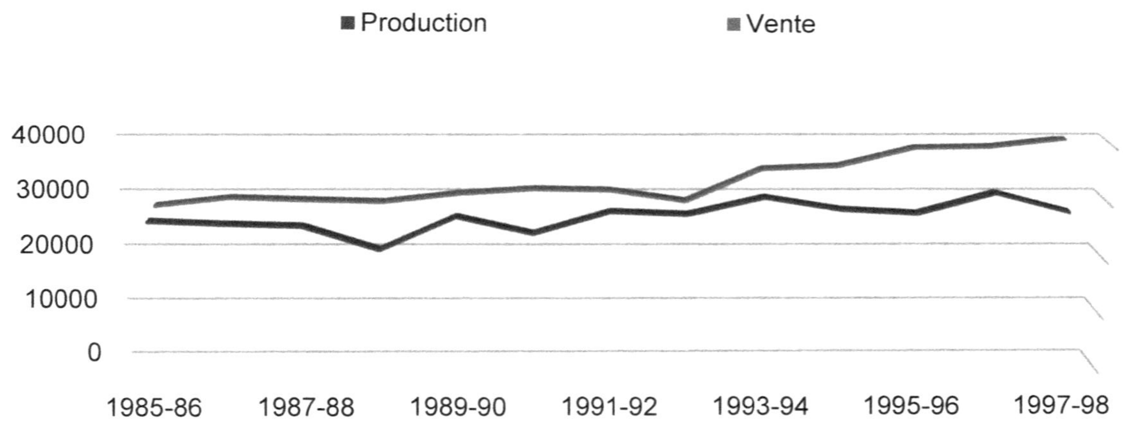

Source : Bancé Thomas Frank, graphique généré à partir des données du tableau ci-dessus, avril 2023.

L'observation faite sur ce graphique montre une relative stabilité de la production de sucre (entre 1985 et 1987) et des ventes (entre 1985 et 1992). Cette stabilité reflète la gestion rationnelle de la SOSUCO. Malheureusement, à partir de 1988, l'instabilité a repris comme sous l'ère SOMDIAA. La réapparition de nouvelles crises pourrait justifier cet état de fait.

3. L'organisation de la force productrice

La force productrice de la Société Sucrière de la Comoé comprend d'une part les installations industrielles et d'autre part la ressource humaine qui l'accompagne. Depuis le début des régimes d'exception au Burkina Faso, chaque régime a commandé des études économiques sur la SOSUCO afin d'identifier les problèmes qui la minent. Ces études ont conduit à l'adoption de nouvelles politiques de gestion et à la réalisation d'importants investissements. Parmi ces études, on peut citer :

- *Le sucre SOSUCO sur le marché burkinabè*[1] : cette étude de marché réalisée en juin 1986 par les autorités du CNR a permis d'identifier les préférences de consommation des deux produits de la SOSUCO : le sucre en morceaux et le sucre granulé[2].

- *Alimentation directe des chaînes CHAMBON et de l'ensacheuse* : ce dossier, monté en août 1988, concernait un investissement de 100 000 000 francs CFA que la SOSUCO souhaitait réaliser pour améliorer et moderniser la production du sucre en morceaux[3]. Pour ce faire, elle avait bénéficié du "Régime A" du *Code des Investissements* afin d'obtenir des

---

[1] Centre National des Archives du Burkina Faso, ministère du Plan, Commerce, Industrie et Mines, sous-série 17V, 17V93, Société Sucrière de la Comoé : Présentation générale - *Le sucre SOSUCO sur le marché burkinabè*, 1986, p. 1.

[2] À l'époque, la SOSUCO proposait deux produits finis : le sucre en morceaux (blond et blanc) et le sucre granulé ou cristallisé. Les choix des consommateurs étaient : le sucre en morceaux (57,7 %), le sucre granulé (21,1 %) et 21,2 % n'avaient pas de préférence. Quant à la couleur, le sucre en morceaux blond l'emporte (45,5 %) sur le blanc (28 %).

[3] Centre National des Archives du Burkina Faso, ministère du Plan, Commerce, Industrie et Mines, sous-série 17V, 17V93, Société Sucrière de la Comoé : Présentation générale - *Alimentation directe des chaînes CHAMBON et de l'ensacheuse*, 1988, p. 2.

avantages sur les droits de douane, la TVA et l'impôt sur les bénéfices.

La gestion de la main-d'œuvre, de la force productive humaine, était sévère avec les régimes d'exception. L'objectif étant de réaliser un maximum d'économies sur les coûts de fonctionnement de l'industrie sucrière, on assiste à une détérioration des conditions de travail des employés de l'usine. Si les régimes d'exception qui se sont impliqués dans la gestion de la SOSUCO dans les années 1980 ont assaini le complexe sucrier et l'ont "remis sur les rails", force est de constater qu'ils ont également créé de nouvelles crises au sein du complexe. En effet, l'une des caractéristiques des pouvoirs révolutionnaires a été la restriction des libertés syndicales. Ainsi, à partir de 1985, la plupart des centrales syndicales[1] ont été opprimées par la Direction de la SOSUCO. Elles étaient impuissantes face aux nombreuses violations du droit du travail qu'elles avaient déjà subies sous l'ère SOMDIAA. Ces violations se caractérisent par des interdictions de grève, des licenciements injustifiés, de la suppression des primes de campagne, de la suppression des fêtes de début et de fin de campagne, des frais médicaux et d'électricité pour les cadres, etc.[2] Toutes ces mesures d'austérité, visant à réduire les dépenses de SOSUCO, ont détérioré les relations entre les centrales syndicales et la nouvelle direction. Il faudra attendre la fin du Conseil National de la Révolution en 1987 pour que le climat social à la SOSUCO s'apaise.

Une autre mesure concernait la réduction du nombre d'employés permanents. Pour ce faire, les autorités ont utilisé la *politique du vide* en refusant de renouveler les départs à la retraite, les décès, les inaptes et les démissions. La conséquence à long terme a été une forte réduction du nombre d'employés permanents : de 2 650 en 1975 à 1 515 en 1998[3].

---

[1] Les syndicats présents à la SOSUCO sont : CGTB-SYNACAME, CSB, ONSL-SYNTCAS, USTB, UGTCS, FESBACI, CSB Banfora. Source : Archives de la SN SOSUCO citées par Cissé O., « Une approche historique de l'agro-industrie au Burkina Faso », op. cit., *Annexe 3.*

[2] Cissé O., « Une approche historique de l'agro-industrie au Burkina Faso », op. cit., p. 76.

[3] Ibid., p. 34.

B/ Les réformes politiques et économiques

Le 15 octobre 1987, le président révolutionnaire Thomas Isidore Sankara est assassiné. Le CNR est remplacé par le *Front populaire* (FP), présidé par le capitaine Blaise Compaoré. Le nouveau régime s'emploie à rétablir l'ordre constitutionnel au Burkina Faso. Le secteur de l'économie est réformé afin de s'ouvrir au marché international.

1. Les orientations politiques de la décennie 1990-2000

L'arrivée au pouvoir du *Front populaire* en 1987 par effusion du sang a créé un climat politique et social tendu. Le CNR de Thomas Sankara avait initié une Révolution au Burkina Faso le 4 août 1983. Et cette révolution dite populaire a parfois recouru à des mesures oppressives pour parvenir à ses fins. Il était donc nécessaire pour le pouvoir en place de réduire ces oppressions avant d'instaurer la stabilité politique dans le pays. Une politique de désescalade a été lancée au niveau national pour "rectifier" les excès de la *Révolution*.

Le 2 juin 1991, le Burkina Faso adopte par référendum sa cinquième constitution, instaurant la IVe République sous la présidence de Blaise Compaoré. Ce retour à l'ordre constitutionnel marque la fin des régimes d'exception de la décennie précédente et le début d'une démocratie pluraliste. De nombreuses politiques ont été mises en œuvre tout au long des années 1990 dans le but de parvenir à un développement durable.

2. La libéralisation de l'économie burkinabè

Depuis 1991, le Burkina Faso a entrepris une série de réformes économiques visant à désengager l'État des secteurs concurrentiels et à libéraliser l'économie. Pour ce faire, le gouvernement a mis en œuvre son premier *Programme d'Ajustement structurel* (PAS) recommandé par le Fonds Monétaire International (FMI) et la Banque Mondiale (BM). Ce programme visait à libéraliser l'économie et à accroître la participation du secteur privé au développement national. Le PAS comprenait également un plan d'ajustement pour les secteurs du transport, de l'élevage, de l'agriculture, de la finance, de la santé et de l'éducation. Les réformes comprenaient la simplification des tarifs douaniers, la limitation des droits d'entrée spécifiques et des valeurs mercuriales. Ces réformes ont également abrogé certaines barrières non tarifaires sur de nombreux produits, telles que les permis d'exportation et d'importation préalables et spéciaux, le contrôle des prix, la détention de monopoles, etc. Au fur et à mesure que le gouvernement mettait en place ses PAS, d'autres textes ont été adoptés pour fournir le cadre juridique nécessaire à la réussite de ces nouvelles politiques. Un nouveau *Code des Investissements* est entré en vigueur en 1995 et a été amendé en 1997. Ce code vise à promouvoir l'investissement productif en garantissant les mêmes droits et obligations aux entreprises nationales et étrangères. Il autorise également le libre transfert des capitaux et des salaires pour les personnes et les entreprises étrangères[1].

En ce qui concerne la SOSUCO, il a fallu attendre les réformes des secteurs agricole et industriel en 1994 pour que les premières grandes orientations soient connues. L'État a choisi d'imposer des droits de douane élevés sur les produits dits de grande consommation. Selon le rapport de l'Organisation Mondiale du Commerce (OMC), le sucre a été le produit le plus protégé jusqu'à la fin de l'année 1998 par diverses mesures[2]. Le rapport ajoute que le Burkina Faso avait mis en place une clause de sauvegarde spéciale sur le sucre et des barrières techniques sous forme de normes. Depuis, la SOSUCO détient le monopole du sucre, puisqu'elle est la seule à le produire et à l'importer au Burkina Faso. Toutefois, l'entreprise publique connaît des crises profondes dans son fonctionnement interne.

C/ Le climat socio-économique à la veille de la privatisation de la SOSUCO

Le gouvernement burkinabè avait mis en place des mesures exceptionnelles pour protéger la SOSUCO d'une éventuelle

---

[1] Organisation Mondiale du Commerce, *Premier communiqué de presse : résumé des rapports du secrétariat et du gouvernement*, réalisé le 13 novembre 1998, consulté le 22 mars 2023,
URL : https://www.wto.org/french/tratop_f/tpr_f/tp089_f.htm.
[2] Ibid.

concurrence et pour réduire les importations frauduleuses. Cependant, le mal de la société sucrière semblait être beaucoup plus interne qu'externe au regard de l'environnement socio-économique qui prévalait.

1. L'instabilité de production sucrière

Malgré la vingtaine d'années d'expérience de la SOSUCO, la Société d'État éprouvait toujours des difficultés à stabiliser sa production annuelle. Plusieurs facteurs auraient conduit à cette situation déplorable qui a débuté dans les années 1980. Le premier facteur d'instabilité de la production est la baisse des rendements de la canne à sucre observée à partir de la campagne 1977-1978[1]. Cette baisse des rendements serait due à la diminution des rendements en canne dans les champs, à la baisse de la teneur en sucre de la canne, au vieillissement des tiges de canne et à la forte acidité de certains sols du périmètre de la SOSUCO. La canne à sucre subirait de nombreuses maladies à évolution rapide causées par des chenilles et des champignons[2].

Outre les problèmes liés à la culture de canne à sucre, l'obsolescence de certaines installations constituerait une autre justification de la baisse de la production du sucre. Certaines installations et équipements utilisés dans la sucrerie dateraient de 1972. La modernisation des installations industrielles contribuerait à l'augmentation de la force productrice.

Par ailleurs, les conditions de vie et de travail des ouvriers et des cadres de la SOSUCO seraient un facteur déterminant dans la baisse de la production. La main-d'œuvre n'a pas toujours été gérée correctement pour une utilisation optimale. Au contraire, elle a été reléguée au second plan par les différentes politiques d'exploitation de la société sucrière.

Autant de raisons peuvent justifier la baisse de production de la SOSUCO. Or, une entreprise commerciale qui subit des baisses de production risque de mettre en péril sa survie dans l'économie concurrentielle.

---

[1] Cissé O., « Une approche historique de l'agro-industrie au Burkina Faso », op. cit., p. 77.

[2] Hartog T., « Le périmètre sucrier de Banfora », art. cit., p. 126.

2. Les revendications syndicales

Depuis la création de la SOSUCO, les centrales syndicales qui se sont constituées n'ont cessé de lutter pour le bien-être des employés de la société. Elles ont toujours dénoncé les conditions de vie et de travail difficiles subies par les employés, ainsi que les dérives des autorités dirigeantes. Si certaines de leurs luttes ont été couronnées de succès, d'autres ont été classées sans suite. En ce qui concerne les restrictions des droits du travail que les centrales syndicales auraient subies sous les régimes d'exception, elles décident de prendre fait et causes dès le 1er mai 1991 en soumettant un cahier de doléances auprès de la Direction générale de la SOSUCO[1]. Plusieurs revendications y sont consignées concernant la santé, l'encadrement professionnel, la carrière et les conditions salariales des travailleurs. Mais le plus marquant est que les syndicats s'opposaient déjà à un programme d'ajustement structurel qu'ils disent "sauvage" de la SOSUCO[2]. Ils ne semblent pas avoir digéré la gestion de la SOMDIAA durant la décennie 1975-1985. Sur la douzaine de points revendiqués, seuls cinq ont été pris en compte par la Direction générale de la SOSUCO. La non-privatisation de la société sucrière n'a pas été accordée aux syndicats. Cette action de la nouvelle Direction de l'entreprise publique a contribué à apaiser le climat social dans le complexe jusqu'à la veille de la privatisation de la SOSUCO en 1998.

IV. La privatisation de la SN SOSUCO et la série de méventes

Avec l'adoption des *Programmes d Ajustement structurel* (PAS) en 1991, l'État burkinabè s'engage à ouvrir son économie au marché international. Cette mesure s'est traduite par la privatisation d'un certain nombre de sociétés d'État qui avaient bénéficié pendant des années du protectionnisme de l'État. Si le bilan des PAS semble

---

[1] Le cahier de doléance de la correspondance du Syndicat national des Cadres et Agents de Maîtrise des Entreprises (SYNCAME) figure à l'annexe 1.

[2] SYNCAME, Cahier de doléances du 1er mai 1991 présenté par les centrales syndicales de la SOSUCO, Archives de la SN SOSUCO consultées par Cissé O., « Une approche historique de l'agro-industrie au Burkina Faso », op. cit., Annexe n° 4.

aujourd'hui mitigé, il a néanmoins permis d'accroître les *Investissements Directs Etrangers* (IDE) au Burkina Faso. Des décennies après la privatisation de la SN SOSUCO, nous revisitons l'histoire pour présenter les conséquences des politiques de libéralisation sur certaines entreprises publiques de grande envergure.

A/ La naissance de la Nouvelle Société Sucrière de la Comoé (SN SOSUCO)

Le 4 septembre 1998, la Société Sucrière de la Comoé, Société d'État burkinabè, est libéralisée. Elle a été remplacée par la Nouvelle Société Sucrière de la Comoé, abrégé en SN SOSUCO. Son siège social demeure à Banfora. Cette décision a été prise par la *Commission de privatisation* du Burkina Faso mise en place par le chef de l'État. Cependant, avant que cette mesure ne soit prise, un processus national de privatisation avait déjà été initié depuis 1991.

1. La mise en place de la Commission de privatisation

Dans les années 1990, le Burkina Faso a entrepris des réformes juridiques et institutionnelles pour libéraliser progressivement son économie. L'objectif principal de cette libéralisation était de promouvoir une économie de croissance durable par le développement des activités du secteur privé et la création d'un environnement plus propice à l'investissement privé et à l'emploi. C'est dans ce contexte que l'ordonnance du 17 juillet 1991 a créé une *Commission de privatisation* placée sous la tutelle du ministère en charge du Commerce, de l'Industrie et de l'Artisanat. La privatisation des entreprises publiques au Burkina Faso avait pour but, d'une part, de remédier aux nombreux maux dont elles souffrent et, d'autre part, de permettre à l'État de réaliser de substantielles économies financières.

En 1996, le gouvernement burkinabè libéralise le marché du sucre. C'est le premier signe fort du désengagement de l'État dans l'industrie sucrière. La SOSUCO perd son monopole sur les importations de sucre au Burkina Faso, monopole qu'elle détenait depuis 1975. La SOSUCO figure sur la liste des sociétés d'État à libéraliser par la Commission de privatisation[1].

2. Le processus de privatisation de la SOSUCO

La Commission de privation a joué un rôle central dans la privatisation de la société sucrière car elle était mandatée par le gouvernement burkinabè. La privatisation de la SOSUCO s'est déroulée en plusieurs séquences. La première étape a consisté à définir les objectifs de la privatisation. Le gouvernement burkinabè avait trois principaux objectifs : l'amélioration de la productivité et la compétitivité de l'industrie sucrière nationale ; la consolidation et le développement de l'industrie sucrière ; et le maintien des activités économiques dans la région de Banfora. Ces objectifs peuvent paraitre modestes si l'on considère que la SOSUCO était la seule usine sucrière du pays à l'époque et que la compétitivité était quasi inexistante sur le marché du sucre.

Une fois les objectifs définis, il fallait choisir la stratégie de privatisation. L'État burkinabè a choisi de vendre directement une grande partie de ses actions. Le repreneur de la société d'État devrait être un professionnel de la culture de la canne à sucre, avoir une expérience des affaires en Afrique, disposer d'une base d'investissement nationale représentative et d'une capacité financière suffisante[2].

La troisième étape consistait à évaluer le patrimoine et la rentabilité de la SOSUCO. À cette fin, un cabinet privé d'audit et de conseil financier, *Ernst & Young*, a été engagé. Le travail de ce cabinet a permis de déterminer la valeur des actions. Sur la base des actifs de la SOSUCO, une action valait entre 12 779 et 15 012 francs CFA[3]. Mais compte tenu de la rentabilité future et des investissements à réaliser, la valeur d'une action se situait entre 15 387 et 17 075 francs CFA[4].

---

[1] La privatisation de la SOSUCO s'est faite conjointement avec une petite unité industrielle de fabrication d'alcool éthylique 96° GL appelée Société de Production d'Alcool (SOPAL).

[2] Commission de Privatisation, *Privatisation de la SOSUCO*, Ouagadougou, ministère du Commerce, de l'Industrie et de l'Artisanat, 1998, p. 12.

[3] Ibid.

[4] Ibid.

Au début de l'année 1998, un appel d'offres est lancé par la *Commission de privatisation* pour la reprise de la SOSUCO. À la clôture de l'appel d'offres le 11 février 1998, quatre soumissionnaires répondaient aux critères de sélection. Il s'agit de : Castel-SUCAF Holding et Brakina, le groupement SIFCA-SOMDIAA, le groupe Mimran de la Compagnie Sucrière Sénégalaise (CSS), et le consortium EmbalFaso-IPS-FC Schaffer. La Commission porte son choix sur le consortium EmbalFaso, IPS et FC Schaffer. Après des mois de mise au point du contrat de cession, une loi a été promulguée le 4 septembre 1998 portant libéralisation de la Société Sucrière de la Comoé. La Nouvelle Société Sucrière de la Comoé, abrégée en SN SOSUCO, est créée en lieu et place.

B/ Le gestionnaire actuel de la SN SOSUCO : le Holding IPS-WA

Industrial Promotion Services/West Africa a repris la SN SOSUCO en 1998, après que l'État burkinabè ait décidé de se désengager de la société sucrière. Bien que IPS-WA opère aujourd'hui dans un cercle restreint, elle a dû constituer un consortium pour acquérir la SOSUCO lors de la libéralisation.

1. La reprise de la SOSUCO en 1998

L'un des critères de la reprise de la SOSUCO était d'avoir des investisseurs burkinabè dans sa société. C'est dans cet esprit qu'un consortium a été formé entre des sociétés étrangères et des opérateurs économiques nationaux pour reprendre la société sucrière. Il s'agit d'une part d'EmbalFaso et d'autre part de partenaires burkinabè.

EmbalFaso est une holding spécialisée dans l'emballage, le carton et l'empaquetage des produits industriels au Burkina Faso. Son capital en 1998 était de 10 000 000 de francs CFA, avec l'*Industrial Promotion Services de Côte d'Ivoire* (IPS-CI) comme actionnaire majoritaire[1]. Il y avait d'autres partenaires comme la société d'ingénierie *FC Schaffer*. Ensuite, deux grands opérateurs économiques burkinabè rejoignent la holding en 1998 pour former

[1] Cissé O., « Une approche historique de l'agro-industrie au Burkina Faso », op. cit., p. 85.

le consortium. Il s'agit de El Hadj Barro et El Hadj Kanazoé. Ils décident alors de créer une société anonyme sous le nom de Sucre participation[1] pour racheter 55 % des actions de la SOSUCO équivalant à 3 745 000 000 de francs CFA. 3 % de ces actions devraient être rétrocédées au personnel de la société sucrière conformément aux recommandations de l'État burkinabè.

De nos jours, la SN SOSUCO est une filiale du groupe Industrial Promotion Services - West Africa (IPS-WA), actionnaire majoritaire de *Sucre participation*. Depuis mars 2013, Mouctar Koné est le directeur général de la SN SOSUCO à Banfora. Le groupe IPS-WA est une holding financière créée en 1965 et opérant dans les domaines de l'industrie et des services dans plusieurs pays. Il est détenu majoritairement par le Fonds Aga Khan pour le Développement Economique (AKFED) à hauteur de 41 %. Son siège social est situé à Abidjan, en Côte d'Ivoire.

2. Le plan de développement et les mesures sociales de la SN SOSUCO

La Commission de privatisation a demandé aux soumissionnaires de présenter un plan de développement économique et social de la société sucrière. Dans son dossier de développement économique, le consortium *Sucre participation* avait prévu une série d'investissements. Ces investissements devaient porter sur les plantations existantes, le système d'irrigation, la rénovation de l'usine de production et l'extension des cultures. Sur le plan social, de nombreuses mesures avaient été énoncées. Celles-ci comprennent le maintien de la main-d'œuvre existante (1 515 employés), le recrutement de 55 nouveaux employés, l'offre de primes et un programme de réinsertion des populations de Banfora[2].

Toutefois, selon les revendications des centrales syndicales que nous développerons plus tard, le repreneur de la SN SOSUCO ne tiendra pas ses engagements économiques ni les mesures sociales promises. Alors, le climat social et économique se détériore et le complexe plonge dans une série d'instabilité économique jamais égalée.

---

[1] Les actionnaires de Sucre Participation étaient : IPS-CI avec 51 % des actions, FC Schaffer avec 30 % et les partenaires burkinabè détenaient 19 %.

[2] Commission de Privatisation, *Privatisation de la SOSUCO*, op. cit., p. 20.

3. L'évolution du capital social de la SN SOSUCO de 1998 à 2020

Le capital social de la SN SOSUCO a été augmenté à plusieurs reprises depuis la SOSUHV en 1968. Après la libéralisation du complexe sucrier, les repreneurs ont réalisé des investissements pour dynamiser l'entreprise et accroître sa rentabilité. En 1998, le repreneur *Sucre participation* a estimé ses investissements à 9 611 000 000 francs CFA, répartis comme suit : 7 230 millions de francs CFA pour les cultures et la mécanisation des outils ; 2 081 millions de francs CFA pour l'usine ; 150 millions de francs CFA pour l'usine d'agglomération sucrière et 150 millions de francs CFA pour les services généraux[1]. Après sa libéralisation, le capital de la SN SOSUCO se présentait comme suit :

- La société Sucre participation : 52 %,
- L'État du Burkina Faso : 28 %,
- Les privés burkinabè : 3 %,
- L'État de Côte d'Ivoire : 11 %,
- Le groupe SOMDIAA SA : 6 %.

Depuis 2017, le capital social de la Nouvelle Société Sucrière de la Comoé est passé à 8 143 590 000 francs CFA[2]. Mais bien avant cela, le consortium *Sucre participation* avait racheté les parts de la SOMDIAA et de l'État de Côte d'Ivoire[3]. Ces rachats lui permettront de conserver sa majorité avec maintenant 69,2 % des actions. L'État burkinabè et ses démembrements détiennent désormais 30,6 % des parts, contre 82,68 % en 1985. Depuis 2017, la répartition du capital de la SN SOSUCO s'illustre par le Graphique 4 ci-contre.

[1] Ibid., p. 35.
[2] Comité de Privatisation, « Rapport annuel 2017 », rapport réalisé pour la Primature de la République de Côte d'Ivoire, 2017, p. 14, consulté le 2 mai 2023, URL : http://privatisation.gouv.ci/fichier/1526053515Rapport-annuel-2017.pdf.
[3] Ibid., p. 15.

Graphique 4 : La répartition du capital social de la SN SOSUCO en 2017

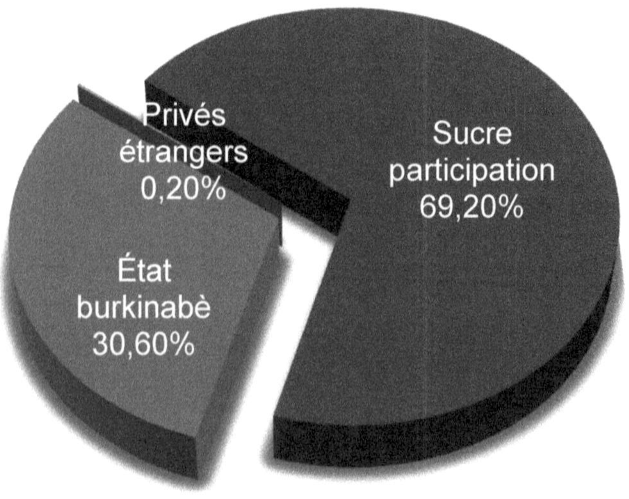

Source : Bancé Thomas Frank, mai 2023.

C/ Les conséquences de la privatisation de la SN SOSUCO

La privatisation de la société sucrière burkinabè est apparue comme un impératif pour le gouvernement burkinabè en 1998. Mais pour les structures syndicales, l'État ne devait pas se désengager de son unique société sucrière. Comme on pouvait s'y attendre, l'avis des partenaires sociaux n'a pas été pris en compte. Si les premières années de la privatisation ont été caractérisées par une croissance de la production et du chiffre d'affaires, une décennie aurait suffi pour constater les échecs de la libéralisation du marché sucrier et de la privatisation de l'industrie sucrière : instabilité économique accompagnée de crises sociales.

1. La production et la commercialisation du sucre de la SN SOSUCO

L'analyse des données statistiques sur la production et la commercialisation du sucre de 1998 à 2008 révèle trois grandes phases d'activités. Le *Tableau 4 et le Graphique 5* montrent l'évolution de la production et de la commercialisation du sucre de la SN SOSUCO.

Tableau 4 : Les productions, les ventes et le chiffre d'affaires de la SN SOSUCO[1]

Années	Production (tonne)	Vente (tonne)	Chiffres d'affaires (milliards FCFA)
1998-1999	24 767	30 695	13 600
1999-2000	31 522	43 375	15 265
2000-2001	35 387	52 518	19 266
2001-2002	36 847	**55 938**	**19 774**
2002-2003	36 805	44 730	14 676
2003-2004	32 250	39 953	10 093
2004-2005	28 733	38 957	13 660
2005-2006	25 006	30 238	11 779
2006-2007	35 305	21 800	10 948
2007-2008	37 600	39 752	13 780

Source : Centre d'archives de la SOSUHV, *Statistiques des ventes 1974 à 2007*, tableau cité par Cissé O., « Une approche historique de l'agro-industrie au Burkina Faso », op. cit., p. 64.

[1] Nous tenons à préciser que les données de ce tableau devraient s'étendre à la campagne 2019-2020. Toutefois, en l'absence de réponse favorable à notre demande d'accès à l'information auprès de la SN SOSUCO, nous n'avons pas pu obtenir de statistiques pour la période 2009 à 2020.

Graphique 5 : Les ventes, la production et le chiffre d'affaires de la SN SOSUCO

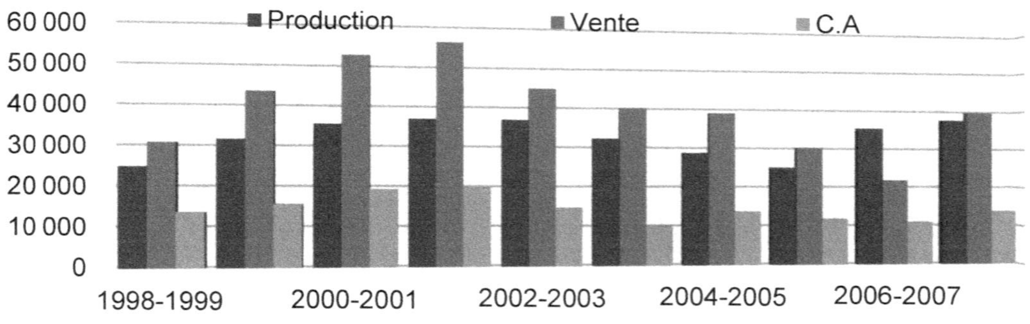

Source : Bancé Thomas Frank, graphique généré à partir des données du tableau ci-dessus, mai 2023.

La privatisation de la SOSUCO a permis à l'industrie sucrière burkinabè d'atteindre son âge d'or. Les premiers investissements réalisés dans les plantations et l'usine par le nouveau propriétaire semblent donner des résultats positifs. De 1999 à 2002, les ventes de sucre battent tous les records, atteignant un record de 55 938 tonnes vendues lors de la campagne 2001-2002. Le chiffre d'affaires de la SN SOSUCO atteint également son apogée au cours de la même campagne avec un total de 19,774 milliards de francs CFA. Tout laissait présager une opération de privatisation avec une industrie en pleine croissance. Malheureusement, ces quatre campagnes glorieuses laissent place à une baisse de performance à partir de 2003.

La deuxième phase a débuté lors de la campagne 2002-2003 et s'est poursuivie jusqu'à la campagne 2005-2006. Cette phase a été caractérisée par une chute libre de la production et des ventes. Les principales raisons de cette baisse de performance de la SN SOSUCO sont les faibles rendements dans les champs de canne à sucre et l'usure de certaines machines de production[1]. L'évolution des ventes durant cette période était donc étroitement liée à celle de la production.

2. Le climat social généré par la privatisation de l'industrie sucrière

Le groupe IPS-WA a repris la SN SOSUCO dans un climat social caractérisé par l'inquiétude et la méfiance des travailleurs suite à la privatisation de la société sucrière. La première crise sociale, qui a débuté en 1999, concernait le non-respect du plan de développement économique et social du complexe sucrier proposé par le consortium *Sucre participation* au moment du rachat. En effet, quelques mois ont suffi aux travailleurs de la SN SOSUCO pour comprendre que le dossier de développement économique et social était une ruse et que sa mise en œuvre nécessiterait des luttes acharnées. Dès lors, les travailleurs s'adonnèrent à une série de manifestations parfois violentes pour exiger la prise en compte des cinq points de leur plate-forme de revendications. Il s'agit de la fourniture d'équipements de protection des garagistes ; de

[1] Sombié Ferdinand, entretien du 03 novembre 2021, SN SOSUCO à Bérégadougou, réalisé par Bancé Thomas Frank.

l'avancement de grade ; de l'application d'augmentations salariales de 5 à 10 %, de l'augmentation des indemnités et de la prise en charge des prêts scolaires[1]. Si le premier point a été satisfait par la direction générale de la SN SOSUCO, les quatre autres feront l'objet de négociations avec les leaders syndicaux. Insatisfaits des propositions de la direction, ces derniers décrètent une grève générale de 13 jours marquée par des sit-in, des arrêts de travail, des marches, des actes de vandalisme et même une tentative d'enlèvement du directeur général[2]. La réponse à ces manifestations, parfois violentes, a été le licenciement de sept responsables syndicaux par la direction générale. Ces licenciements abusifs ont contribué à accentuer la crise sociale à la fin de l'année 1999[3].

La crise sociale de 1999 à la SN SOSUCO a fait place à une autre crise, beaucoup plus pacifique mais avec des impacts négatifs sur les performances de la société sucrière. Les travailleurs de la SN SOSUCO semblent ne pas avoir digéré la précédente crise. Mais à l'absence de leurs responsables syndicaux et par peur de perdre leur emploi, ils ont créé un climat de travail "froid". Les employés pour exprimer leurs mécontentements se sont contentés de faire le strict minimum. Cette démotivation des travailleurs aura un impact sur les rendements de l'entreprise à partir de 2003.

3. Les crises économiques à la SN SOSUCO

Les premières baisses de performance

Les premières difficultés de commercialisation du sucre de la SN SOSUCO sont apparues en 1998, deux ans après la libéralisation du marché du sucre. Avec l'ouverture du marché aux importations, le marché burkinabè est rapidement inondé de sucre importé. Une grande partie de ce sucre était frauduleuse, car entrée illégalement dans le pays. Dans une correspondance adressée au ministère du

---

[1] Cissé O., « Une approche historique de l'agro-industrie au Burkina Faso », op. cit., p. 89.

[2] Ibid., p. 90.

[3] Bien que l'affaire ait été portée devant les tribunaux du travail, les sept travailleurs n'ont pas été autorisés à retourner à la SN SOSUCO. L'entreprise a préféré les indemniser cinq ans après les faits.

Commerce en 1999[1], les organisations syndicales s'inquiètent de l'inondation du marché par ce sucre frauduleux, qui pouvait être dangereux pour la santé des consommateurs en raison de sa provenance douteuse. En conséquence, la SN SOSUCO a rencontré des difficultés à écouler sa production et à honorer ses engagements mensuels vis-à-vis du monde salarial. Pour surmonter cette crise, la direction commerciale de la SN SOSUCO de concert avec le ministère en charge du commerce ont dû prendre une série de mesures. Le Ministère cesse de délivrer des attestations d'importation de sucre afin de stabiliser le marché pendant un certain temps. La SN SOSUCO a développé une stratégie de vente assistée, qui consistait à vendre du sucre aux consommateurs par l'intermédiaire de clients non agréés répartis sur tout le territoire. Les employés étaient chargés de promouvoir le sucre auprès de ces clients non agréés. La direction a dû également vendre une partie de ses stocks à perte à des grossistes afin de minimiser les pertes financières[2]. Bien que ces mesures aient porté leurs fruits, elles n'ont pas permis d'éviter d'autres crises.

La mévente en 2008

La campagne de 2006-2007 se solde par une crise de mévente d'une ampleur sans précédent pour la SN SOSUCO. Sur les 35 305 tonnes de sucre produites, l'entreprise n'a pu vendre que 21 800 tonnes, une première depuis son existence. En avril 2008, Cissé Oumar comptabilisait 25 201 tonnes de sucre immobilisées dans les magasins sans acheteurs[3]. La cause principale de ce manque de vente est la dérégulation du marché mondial du sucre. Il s'avère qu'à cette époque, le sucre importé était moins cher que celui produit par la SN SOSUCO[4]. Par conséquent, les commerçants préfèrent importer frauduleusement du sucre au Burkina Faso. Cette fraude a instauré une concurrence déloyale pour le sucre burkinabè et une

---

[1] La correspondance des organisations syndicales complète se trouve à l'*Annexe 2*.
[2] Cissé O., « Une approche historique de l'agro-industrie au Burkina Faso », op. cit., p. 91.
[3] Ibid., p. 93.
[4] Alors que le sucre SN SOSUCO coûte 370 000 francs CFA (granulé) et 540 000 francs CFA (cristallisé), le sucre importé du Brésil coûte 120 000 francs CFA à l'achat et est livré à moins de 200 000 francs CFA, soit un prix de revient d'environ 320 000 francs CFA.

faible demande des consommateurs pour le sucre local. Pour tenter de limiter la fraude, le gouvernement décide d'imposer une clause de parité sur le marché du sucre : la quantité de sucre importée doit être égale à la quantité de sucre achetée à la SN SOSUCO. Malheureusement, cette mesure ne fera qu'augmenter le chiffre d'affaires de la société car les importateurs se permettront d'acheter le sucre local sans passer le récupérer à l'entrepôt. L'objectif est simplement de pouvoir obtenir l'agrément d'importer beaucoup plus de sucre. Le 21 avril 2008, le directeur général estimait que plus de 4 000 tonnes de sucre avaient été payées mais étaient encore stockées dans ses entrepôts[1]. Parallèlement, d'autres commerçants importaient illégalement du sucre au Burkina Faso. Plusieurs solutions internes ont été mises en place pour freiner la fraude, mais sans grand succès. Pour une sortie définitive de crise, deux nouvelles structures ont été mises en place. D'une part, une *Société de Distribution de Sucre* (SODISUCRE) a été créée pour acheter et distribuer le sucre local en collaboration avec tous les acteurs de l'industrie sucrière[2]. D'autre part, l'*Observatoire de lutte contre la fraude du sucre* a été mis en place en collaboration avec le ministère en charge du Commerce pour réguler les importations de sucre en délivrant une Autorisation Spéciale d'Importation (ASI)[3]. Un déstockage progressif du sucre de la SN SOSUCO a eu lieu au cours des campagnes suivantes.

---

[1] Propos recueillis par Cissé Oumar lors de ces enquêtes orales, 26 juin 2008 à Bérégadougou.

[2] Cissé O., « Une approche historique de l'agro-industrie au Burkina Faso », op. cit., p. 97.

[3] African Business French, « Burkina Faso : des mesures d'urgence pour le sucre », *Magazine de l'Afrique*, mis en ligne le 11 juillet 2018, consulté le 30 avril 2023, URL : https://magazinedelafrique.com/uncategorized/burkina-faso-des-mesures-durgence-pour-le-sucre/.

La mévente de 2015

Au 2 novembre 2015, Mouctar Koné, directeur général de la SN SOSUCO, annonçait au moins 17 000 tonnes de sucre invendu, soit la moitié de la production de 2013-2014[1]. En mars 2015, il avait annoncé 32 000 tonnes de sucre stockées dans son entreprise. Les importations frauduleuses semblent être de retour, car l'inondation du marché par du sucre importé frauduleusement est à l'origine de cette nouvelle mévente. Cette crise remonte à la campagne 2014-2015 au cours de laquelle la SN SOSUCO avait stocké 8 000 tonnes de sucre achetées mais non livrées aux commerçants[2]. Cela nous rappelle les pratiques malsaines des importateurs en 2007. Une fois à l'intérieur du pays, le sucre importé était vendu à un prix inférieur au sucre local. Compte tenu du faible pouvoir d'achat des classes sociales, la qualité du sucre acheté importait peu. Pour sortir de la crise, le directeur général a proposé de supprimer la subvention sur le sucre importé et de reconstituer une SODISUCRE, puisque celle de 2008 avait fonctionné avant de disparaître. Mais c'est l'application rigoureuse des termes de l'accord tripartite de 2012 qui permettra de faire respecter les engagements des importateurs de sucre et la régulation du prix du sucre sur le territoire national[3]. La vente promotionnelle du sucre durant le mois de Ramadan 2016 a permis à la SN SOSUCO d'écouler le stock restant[4]. Au regard de l'aggravation de la mévente en 2015, Mouctar Koné alerte sur des

---

[1] Sy Amir Lookman, « Crise à la SN SOSUCO : les travailleurs n'ont jamais manqué de salaire », *L'économiste du Faso*, mis en ligne le 2 novembre 2015, consulté le 8 mai 2023,
URL : https://www.leconomistedufaso.com/2015/11/02/crise-a-la-sn-sosuco-les-travailleurs-nont-jamais-manque-de-salaire/.

[2] Sy Amir Lookman, « SN SOSUCO : La campagne sucrière 2014-2015 lancée », *L'économiste du Faso*, mis en ligne le 15 décembre 2014, consulté le 5 mai 2023, URL : https://www.leconomistedufaso.com/2014/12/15/sn-sosuco-la-campagne-sucriere-2014-2015-lancee/.

[3] En 2012, un accord a été signé entre le ministère du Commerce, la SN SOSUCO et un groupe de 10 importateurs de sucre. Cet accord fixe le quota de chaque importateur sur la campagne en cours avant l'acquisition d'une Autorisation Spéciale d'Importation.

[4] Gadiaga Karim, « SN SOSUCO : Après la mévente, la rupture de stocks », *L'économiste du Faso*, mis en ligne le 28 novembre 2016, consulté le 8 mai 2023, URL : https://www.leconomistedufaso.com/2016/11/28/sn-sosuco-apres-mevente-rupture-de-stocks/.

risques sérieux de fermeture de son entreprise si les importations frauduleuses se poursuivent.

La mévente en 2019

En 2019, une autre crise de mévente a lieu à la SN SOSUCO, alors que la résolution de la précédente crise sucrière avait entrainé une brève rupture de stocks en novembre 2016[1]. C'est dire que le mal était profond et qu'il était temps de trouver des solutions radicales à ces méventes d'autant plus que la cause est restée la même : l'inondation du marché par du sucre importé frauduleusement. Le directeur général de la société sucrière estime que 24 000 tonnes resteront invendues en septembre 2019[2]. Cette fois-ci, la réponse à la crise a été simple et forte : la suspension de l'importation de sucre et d'huile sur tout le territoire national. Cette mesure a été rendue publique par le communiqué du 9 septembre 2019 du ministère du Commerce, de l'Industrie et de l'Artisanat. Cette décision gouvernementale sera qualifiée de « courageuse, historique et patriotique » par les entreprises bénéficiaires. Elle marque la fin d'une longue série de méventes à la SN SOSUCO et le retour à la stabilité économique et sociale de l'industrie sucrière. Voici une représentation des crises commerciales de la SN SOSUCO sous la gestion du groupe IPS-WA.

---

[1] La rupture de stock de fin 2016 n'a duré que peu de temps avant que le sucre SN SOSUCO ne soit rendu disponible pour la campagne 2016-2017. Pour plus de détails sur la pénurie, vous pouvez lire l'article du magazine l'Économiste du Faso à l'adresse :
https://www.leconomistedufaso.com/2016/11/28/sn-sosuco-apres-mevente-rupture-de-stocks/.

[2] Sy Amir Lookman, « Suspension de l'importation du sucre et des huiles : une mesure saluée par les industriels », *L'économiste du Faso*, mis en ligne le 23 septembre 2019, consulté le 9 mai 2023,
URL : https://www.leconomistedufaso.com/2019/09/23/suspension-de-limportation-du-sucre-et-des-huiles-une-mesure-saluee-par-les-industriels/.

Graphique 6 : Les méventes de la SN SOSUCO

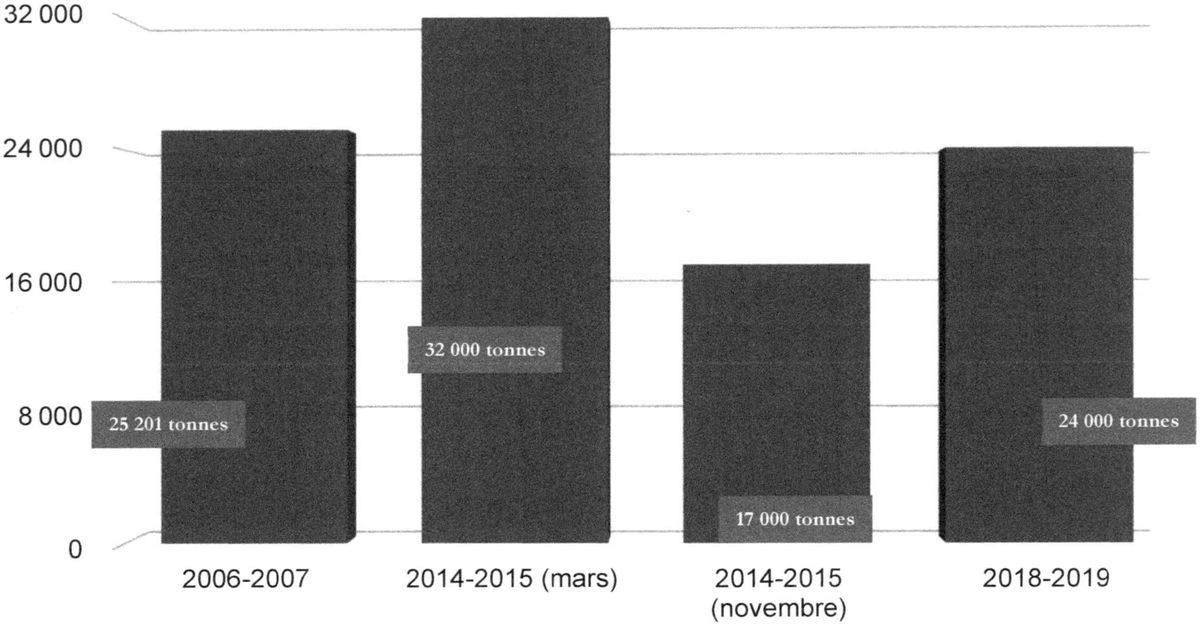

Source : Bancé Thomas Frank, mai 2023.

Conclusion

La Nouvelle Société Sucrière de la Comoé, ou SN SOSUCO en abrégé, est l'unique société sucrière du Burkina Faso. Créée en 1965 avec pour objectif la production et la commercialisation du sucre et de ses dérivés sur le territoire national et dans la sous-région, la SN SOSUCO a eu du mal à prendre son envol. En 58 années d'existence, son statut juridique a évolué d'une *Société d'économie mixte* (1972-1985) à une *Société d'État* (1985-1998) avant de revenir à une *Société d'économie mixte* (1998 à ce jour). À l'instar de son statut juridique, la situation économique et sociale de la société sucrière fait preuve de grandes instabilités. Sur le plan économique, la SN SOSUCO a pu atteindre une production record de 37 600 tonnes de sucre (2007-2008) et des ventes de 55 938 tonnes (2001-2002). Durant certaines années, elle a eu de la peine à produire 20 000 tonnes de sucre et à les commercialiser (32 000 tonnes de méventes en mars 2015). De 1998 à 2010, la société sucrière a bénéficié d'investissements d'environ 20 milliards de francs CFA pour dynamiser la production et rendre le sucre local compétitif sur le marché national. Malheureusement, les résultats tardent à venir, compte tenu de la série de méventes qu'elle a connue entre 2007 et 2019. En ce qui concerne le climat social, il est plus détendu de nos jours qu'en 1991 et 1999. Les travailleurs étant la force productive de l'entreprise, leurs conditions de travail et de vie doivent être régulièrement améliorées pour espérer des rendements à la hauteur des attentes. Aujourd'hui, la SN SOSUCO, filiale de la holding *Industrial Promotion Services - West Africa* (IPS-WA), doit consolider sa position de première entreprise privée pourvoyeuse d'emplois au Burkina Faso. Son sucre doit également être une source de fierté nationale en s'imposant sur le marché, sachant que sa production sucrière ne représente que 25 % de la consommation nationale en 2020. Pour ce faire, un diagnostic approfondi de l'industrie sucrière est nécessaire afin d'identifier les problèmes majeurs auxquels des solutions durables et efficaces seront apportées.

Chapitre II : L'analyse du complexe sucrier du Burkina Faso

I. L'occupation spatiale de la SN SOSUCO dans la région des Cascades

La réussite du projet sucrier burkinabè était intrinsèquement liée à la qualité de l'organisation et la gestion du périmètre sucrier. Le 18 juillet 1972, le gouvernement burkinabè décide de confier l'aménagement du complexe sucrier à la SOSUHV avec l'entreprise française SOMDIAA comme maître d'ouvrage[1]. La SOMDIAA est assistée par d'autres entreprises techniques telles que l'Institut de Recherches Agronomiques Tropicales (IRAT) et le Secrétariat français des Missions d'Urbanisme et d'Habitat (SMUH). L'objectif de cet aménagement était de répartir les zones de culture, les infrastructures hydrauliques, les installations industrielles, les logements sociaux et les voiries. D'une superficie de 10 000 ha, le projet d'aménagement a coûté 5,445 milliards de francs CFA. Le financement a été assuré par le capital social de la SOSUHV (1 965 500 000 francs CFA) et par des institutions financières[2] (3 480 000 000 francs CFA)[3]..

---

[1] Archives nationales de France, Direction du développement économique du ministère chargé de la coopération, Fond 201 MC, 19860346/20, Contrat d'ingénierie et d'assistance technique pour la création du complexe sucrier de Banfora, 1972, p. 2.

[2] Plusieurs institutions financières ont participé au financement de l'aménagement de la SOSUHV. Il s'agit du Fonds Européen de Développement (FED) avec 1,400 milliard de F.CFA ; de la Banque Nationale de Développement (BND) avec 1,300 milliard de F.CFA ; de la Banque Centrale des Etats de l'Afrique de l'Ouest (BCEAO) avec 500 millions de F.CFA ; du Fonds d'Aide et de Coopération (FAC) avec 280 millions de F.CFA.

[3] Hartog T., « Le périmètre sucrier de Banfora », art. cit., p. 123.

A/ L'aménagement des zones de culture de la SN SOSUCO

Sur les 10 000 ha que représente le périmètre sucrier de Bérégadougou, 4 000 ha devaient être consacrés à la culture de la canne à sucre avec des possibilités d'extension. En 2017, environ 4 210 ha de terre sont exploités par la SN SOSUCO[1]. L'obtention du périmètre sucrier a nécessité une opération de délocalisation des populations installées sur ces terres.

1. La répartition des plantations de canne à sucre

La zone de culture de la SN SOSUCO est située dans la plaine de Bérégadougou, dans la région des Cascades au sud-ouest du Burkina Faso. Elle est située entre 10°41' et 10°47' de latitude Nord et 4°38' et 4°39' de longitude Ouest. Le périmètre de la SN SOSUCO est subdivisé en 111 parcelles de culture comme le montre la *Figure 4* ci-contre. Les zones de culture de la canne à sucre ont été déterminées en fonction de la teneur élevée en matière organique et en eau des sols. Un système de codification est utilisé pour désigner chaque parcelle. La codification prend en compte le système d'irrigation (pivot, latéral, aspersion), le nom du village dans lequel elle est localisée, le numéro de série et la planche sur laquelle la parcelle est située (planche A, B, C et D)[2]. En choisissant d'attribuer les noms des villages délocalisés aux parcelles, la SN SOSUCO manifeste sa reconnaissance envers ces villages. La mémoire de ces villages est ainsi préservée des années plus tard malgré le fait qu'ils ne soient plus habités. La majorité des parcelles exploitées aujourd'hui sont situées à l'est et au nord de l'usine.

Pour faciliter la circulation des personnes et du matériel agricole dans le périmètre sucrier, des pistes rurales, des routes et des ponts ont été construits. Ces voies de communication serviront également au transport de la canne coupée vers les ateliers de transformation. La Route Nationale n° 7 (RN7), qui traverse le périmètre sucrier en son centre, permet à la SN SOSUCO de se connecter avec les villes de l'intérieur du pays mais aussi au sud,

---

[1] Biaou O. D., « Améliorer la disponibilité des coupeurs de canne à sucre sur un périmètre industriel », op. cit., p. 15.
[2] Ibid.

avec la capitale économique de la Côte d'Ivoire, Abidjan. Le tronçon du chemin de fer de la Régie Abidjan-Niger (RAN) qui traverse le périmètre vers le sud était autrefois utilisé pour le transport des matières premières et des produits de la société sucrière.

Figure 4 : Plan parcellaire de la SN SOSUCO

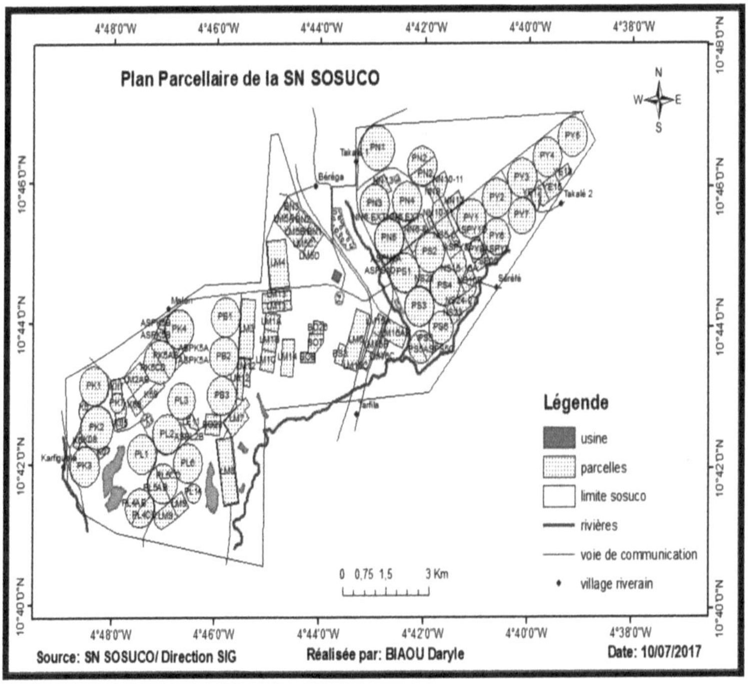

Source : SN SOSUCO/Direction culture, plan cité par Biaou O. D., « Améliorer la disponibilité des coupeurs de canne à sucre sur un périmètre industriel », op. cit., p. 16.

2. La mise en place du système d'irrigation

Il est bien connu que la canne à sucre est l'une des cultures agricoles les plus gourmandes en eau. C'est pourquoi la disponibilité des ressources en eau sur le périmètre de Bérégadougou a été un facteur essentiel de l'aménagement de la zone. Pour rappel, la région connaît annuellement une saison sèche de novembre à mars. L'irrigation de la canne, en plus de la pluviométrie annuelle comprise entre 843 mm et 1 254 mm, était plus que nécessaire. À la SN SOSUCO, deux principaux systèmes d'irrigation sont utilisés : le goutte-à-goutte sous-terrain (4 % des surfaces irriguées) et l'aspersion (96 % de la surface irriguée).

Dans le cas de l'irrigation goutte-à-goutte, l'eau est dirigée vers les cultures par de petits goutteurs placés sur des tuyaux flexibles le long des rangées de cultures[1]. Ce système, en plus d'être économe en eau, fournit aux racines des tiges de canne la quantité d'eau dont elles ont besoin pour se développer.

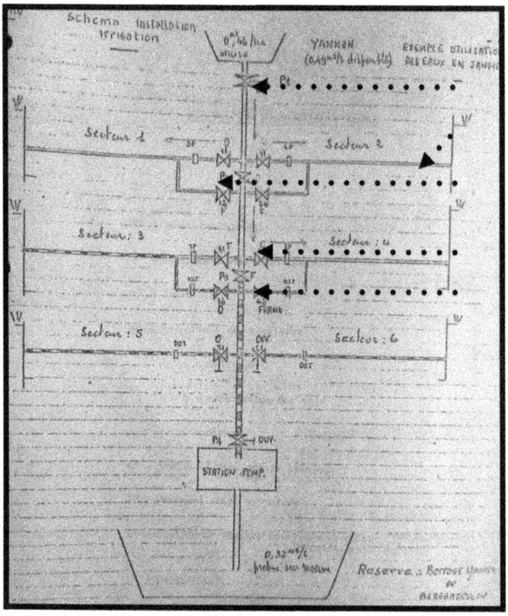

Légende

Vanne manuelle ouverte

Zones de culture

Vanne motorisée d'isolement de circuit

Superviseur

Détenteur d'eau en besoin

Figure 5 : Schéma d'irrigation goutte-à-goutte de la SN SOSUCO

Source : Archives nationales de France, Direction du développement économique du ministère chargé de la coopération, Fond 201 MC, 19860346/19, Études d'urbanisme du périmètre de Banfora, 1972, p. 46.

[1] Organisation des Nations Unies pour l'alimentation et l'agriculture (FAO), *Les techniques d'irrigation pour les agriculteurs à petite échelle : Pratiques clés pour les praticiens de la RRC*, FAO, [version numérique], 2014, consulté le 27 mars 2023, p. 29, URL : http://www.fao.org/3/a-i3765f.pdf.

En observant le schéma ci-avant (*Figure 5*), on peut voir comment l'eau est acheminée depuis les sources d'eau (la rivière Yannon et Béréga), puis régulée par des vannes motorisées ou manuelles avant d'atteindre les cultures qui sont organisées en secteurs.

Pour les zones éloignées des sources d'eau du périmètre, la SN SOSUCO utilise l'irrigation par aspersion. Cette méthode est une technique d'irrigation de surface dans laquelle l'eau est appliquée à la canne à sucre par des jets d'eau qui tombent comme une pluie artificielle. Les deux dispositifs d'irrigation par aspersion utilisés sur le périmètre sucrier de Bérégadougou sont la couverture intégrale et l'irrigation par rampe pivotante et frontale. L'irrigation par couverture intégrale est actuellement peu répandue dans les zones de culture (10 % de la surface totale). Cette méthode consiste à mailler les parcelles en 18mx18m à l'aide d'un dispositif fixe. L'eau est ensuite distribuée par aspersion à l'aide de rampes, de supports de rampes, de vannes, et d'asperseurs[1]. Cette méthode permet aux plantes d'obtenir la pluviométrie souhaitée à partir d'une même distribution d'eau.

Le deuxième système d'irrigation par aspersion utilisé dans les zones de culture de la SN SOSUCO est l'irrigation par rampe pivotante et frontale. Cette méthode d'irrigation utilise des machines mobiles automotrices qui se déplacent en translation pour irriguer des parcelles circulaires (rampe pivot) et rectangulaires (rampe frontale). Sur ces machines, il n'y a pas de point d'ancrage fixe au sol, la rampe doit donc résister à la contrainte mécanique des charges en mouvement. Chaque machine est équipée de travées porte-arroseurs, de tours montées sur roues supportant les travées à une extrémité, d'un axe central ou pivot autour duquel les travées tournent, qui fournissent toute la puissance à la rampe. Un porte-à-faux avec un canon de pulvérisation est situé après la dernière

[1] Konan, Kouamé, Ouattara, Péné et Dick (dir.), « Caractérisation des surfaces récoltées selon le statut hydrique et efficience des systèmes d'irrigation dans le périmètre sucrier de Ferké 2 en Côte d'Ivoire », *Afrique Science, 14(5)*, mis en ligne en septembre 2018, consulté le 27 mars 2023, p. 110,
URL : https://www.researchgate.net/publication/328026993_Caracterisation_des_surfaces_recoltees_selon_le_statut_hydrique_et_efficience_des_systemes_d%27irrigation_dans_le_perimetre_sucrier_de_Ferke_2_en_Cote_d%27Ivoire..

travée[1]. L'avantage de la rampe pivotante et de la rampe frontale est qu'elles permettent d'irriguer de très grandes surfaces. C'est pourquoi l'irrigation par pivot est le système le plus utilisé dans les zones de culture de la SN SOSUCO. Elle s'étend sur 3 440 ha, soit 86 % des surfaces irriguées[2].

Ces deux grands systèmes d'irrigation sont alimentés en eau par gravité à partir de trois barrages : le barrage de la Comoé (40 millions de m^2), le barrage de la Lobi (6 millions de m^2) et le barrage de Toussiana (6 millions de m^2). Les infrastructures hydrauliques de la SN SOSUCO attirent de nombreux regards des populations et contribuent ainsi à offrir un beau paysage au périmètre sucrier.

3. L'expropriation des terres des populations locales

L'expulsion des populations locales de leurs habitations et de leurs terres agricoles

Dans la *Convention d'établissement* de 1972, l'article 27 stipule que : « L'État s'engage à apporter à la Société, un terrain de 10 000 ha appelé périmètre sucrier au prix de 13 300 F l'hectare, l'État recevant en contrepartie des actions de type B ». C'est en application de ce contrat que les terres sur lesquelles vivaient plus de 11 villages ont été expropriées pour constituer le fameux périmètre sucrier de la SN SOSUCO. Ce mouvement de déguerpissement, qui s'est déroulé entre 1970 et 1973, a touché 549 familles, soit environ 5 000 personnes[3]. La SN SOSUCO a exercé deux formes d'expropriation sur les populations autochtones : la récupération totale de leurs terres (habitats et champs de culture) ou leur récupération partielle. S'ensuit la destruction des arbres, des vergers, des lieux de culte sacrés, des zones de pâturage, etc. L'héritage historique, culturel et économique des populations expulsées est affecté.

---

[1] Konan, Kouamé, Ouattara, Péné et Dick (dir.), « Caractérisation des surfaces récoltées selon le statut hydrique et efficience des systèmes d'irrigation », art. cit., p. 109.

[2] *Site web officiel de la SN SOSUCO*, consulté le 28 mars 2023, URL : https://snsosuco.com/expertise/culture-irriguee-de-la-canne.

[3] La liste des villages déplacés avec toutes les caractéristiques figure à l'annexe 3.

Le 31 octobre 1972, une commission interministérielle ad hoc est créée pour résoudre les problèmes sociaux et d'accueil des populations dans le cadre de l'implantation du complexe sucrier de Banfora[1]. Le seul mérite de cette commission est d'avoir porté de 10 à 12 ans la période d'exonération d'impôts et de taxes locales des familles déplacées. Selon Thierry Hartog, cette mesure n'était pas suffisante : « Hormis le préjudice moral subi par ces populations, aucun système sérieux d'indemnisation à long terme ne régla le problème : la faiblesse du dédommagement contrasta avec l'importance des préjudices subis »[2]. Pire, aucun plan de réhabilitation des populations n'avait été établi avant le processus d'aménagement du territoire. C'est le cas des habitants de Takalédougou, Séréfédougou et Niankadougou, qui ont été expulsés de force par des bulldozers[3]. Ils ont dû se résigner à vivre dans les villages environnants avec toutes les conséquences que cela pouvait engendrer : surpopulation, baisse du pouvoir d'achat, réduction des terres agricoles, conflits sociaux.

Les mutations résultant de l'installation du complexe sucrier

Face à l'absence de réelles compensations et à l'incapacité des autorités étatiques à leur trouver un plan de réinsertion sociale, les populations des villages expropriés ont dû réajuster leur mode de vie. Sur le plan agricole, on constate une nette réduction des cultures de rente (sésame, riz, arachide) au détriment des cultures vivrières (mil, maïs, sorgho)[4]. D'autre part, l'aménagement du périmètre sucrier a bouleversé le mode de vie des populations locales. L'économie vivrière disparaît au profit d'un environnement où la recherche du profit et l'acquisition de matériels deviennent une fin en soi. L'économie capitaliste est introduite sans transition à Banfora.

Sur le plan socioculturel, une communauté multiculturelle d'origines diverses voit le jour. La ville entame son processus de

[1] Centre National des Archives du Burkina Faso, ministère du Plan, des Mines et de l'Industrie, sous-série 41V, 41V234, Société Sucrière de Haute-Volta : études diverses - *Procès verbal de la réunion de la commission ad hoc*, 1973, p. 4.
[2] Hartog T., « Le périmètre sucrier de Banfora », art. cit., p. 130.
[3] Ibid.
[4] Hartog T., « Le périmètre sucrier de Banfora », art. cit., p. 131.

modernisation avec tous les changements qui s'ensuivent : logement, habillement, alimentation, moyens de transport, activités culturelles et sportives. Les pratiques religieuses et linguistiques se diversifient. La langue dioula, qui était parlée avant l'installation du complexe, est désormais concurrencée par une autre langue, le moore. Cette nouvelle langue, parlée par la majorité des habitants du Burkina Faso, n'était pas présente auparavant dans le Sud-ouest. À la lumière de toutes ces divergences entre le monde traditionnel marginalisé et le monde moderne, il est regrettable que la politique d'aménagement du périmètre sucrier de Bérégadougou n'ait pas impliqué davantage les populations locales.

B/ Les installations industrielles

Le Contrat d'établissement qui a engagé la SOSUHV dans la mise en valeur des zones de culture de la canne à sucre à Bérégadougou prévoyait également la réalisation d'installations industrielles pour assurer la production locale de sucre à partir de la canne. C'est ainsi que la SOSUHV, gérée par la SOMDIAA, signe le 12 janvier 1973 avec la société française Fives Lille-Cail un *Contrat d'ingénierie* pour la construction d'une usine[1]. Sur une superficie de 35 ha, devraient être aménagés une cour à cannes, un bâtiment industriel, un magasin à sucre, un atelier de production, une raffinerie, un laboratoire et des bureaux administratifs. Ces prestations d'ingénierie, d'un montant de 1 880 000 000 de francs CFA, ont permis la mise en service en 1975 d'une sucrerie d'une capacité de 2 400 tonnes par jour[2]. Sa production moyenne est estimée à 30 000 tonnes par an. D'importants travaux de génie civil ont également accompagné l'implantation du complexe sucrier à Bérégadougou.

[1] Archives nationales de France, Direction du développement économique du ministère chargé de la coopération, Fond 201 MC, 19860346/19, Contrat d'ingénierie pour la construction d'une sucrerie-raffinerie, 1972, p. 2.
[2] *Site web officiel de la SN SOSUCO*, consulté le 13 juillet 2023, URL : https://snsosuco.com/expertise/production-du-sucre-et-valorisation-de-ses-sous-produits.

1. La sucrerie de canne

Le lieu d'édification de la sucrerie de cannes (agglomération sucrière) a été déterminant dans le processus de développement du périmètre sucrier. Trois facteurs ont dû être pris en compte avant de choisir l'emplacement idéal[1]. Le premier facteur est la localisation des zones de culture. L'usine devait être aussi proche que possible des zones de culture afin de faciliter la circulation des employés et le transport des cannes coupées. Ensuite, le besoin en eau et le retour des eaux usées de l'usine ont conduit les promoteurs à l'installer à proximité du Yannon et de la Béréga, les deux plus importantes sources d'eau disponibles sur le périmètre sucrier. Le dernier facteur est la proximité du chemin de fer. En effet, la proximité du chemin de fer a permis d'acheminer entre 15 000 à 20 000 tonnes de matériaux nécessaires au montage de l'usine depuis le port d'Abidjan en Côte d'Ivoire, et de transporter les matières premières de l'usine (fertilisants chimiques, chaux, souffre, sucre importé)[2] et le sucre de Banfora à Ouagadougou via Bobo-Dioulasso, Koudougou ou Kaya.

La sucrerie de canne compte cinq ateliers principaux impliqués dans la production de sucre granulé. Il s'agit de l'atelier de broyage, de la chaufferie, de l'épuration du vesou, de l'évaporation et de la cristallisation. L'équipement technique nécessaire au fonctionnement de l'ensemble de l'usine a été fourni par la société française Five Lille-Cail et la société belge UCMAS. Nous expliquerons plus loin le fonctionnement de tous ces ateliers dans le processus de production du sucre à la SN SOSUCO.

2. La raffinerie de sucre

Le processus de mise en place des installations industrielles se termine par l'aménagement d'un espace pour la raffinerie de sucre. Cette raffinerie est intégrée à la sucrerie de canne pour assurer la production de sucre raffiné à partir du sucre granulé dans la sucrerie.

---

[1] Archives nationales de France, Direction du développement économique du ministère chargé de la coopération, Fond 201 MC, 19860346/20, Contrat d'ingénierie et d'assistance technique pour la création du complexe sucrier de Banfora, 1972, p. 2.

[2] Centre National des Archives du Burkina Faso, ministère du Plan, Commerce, Industrie et Mines, sous-série 17V, 17V93, Société Sucrière de la Comoé : études diverses - *Notes sur l'aménagement du périmètre de Banfora*, 1965, p. 3.

Elle a une capacité de production de 150 tonnes de sucre par jour[1]. La raffinerie de sucre se compose de deux ateliers : l'un pour le raffinage et l'autre pour le séchage et l'ensachage.

3. Les installations annexes

La présence d'une sucrerie de canne et d'une raffinerie de sucre n'était pas suffisante pour faire fonctionner le complexe sucrier de Banfora. Le processus de développement a dû inclure l'installation de services dits auxiliaires. Ces services peuvent jouer plusieurs rôles dans le périmètre sucrier. Tout d'abord, il y a les installations qui soutiennent la production de sucre. Il s'agit notamment de la cour de cannes, qui traite les tiges de canne à sucre venues directement des zones de cultures avant qu'elles ne soient introduites dans l'atelier de broyage, de la centrale de production et de distribution d'énergie électrique, de la centrale diesel, de la station d'épuration et de l'"installation du vide", qui alimente les ateliers d'évaporation et de cristallisation. Viennent ensuite les services généraux de l'usine. Répartis en deux blocs, ces services s'occupent de la gestion et du fonctionnement des activités industrielles. Un premier bâtiment de 43 m x 8,5 m abrite les bureaux du service médical et du service culture et la douche commune. Ensuite, un second bâtiment de 20 m x 8 m comprend sept bureaux et le laboratoire d'analyse[2].

Afin de valoriser les sous-produits de la production sucrière, une distillerie a été installée à proximité des installations industrielles. Elle produit essentiellement 10 000 litres d'alcool pharmaceutique et industriel par jour à partir de la mélasse de canne à sucre.

C/ Les zones de logements

À l'instar des parcelles de culture et des installations industrielles, la détermination des zones de logements pour les travailleurs de la SN SOSUCO a fait l'objet d'une planification à

[1] Archives nationales de France, Direction du développement économique du ministère chargé de la coopération, Fond 201 MC, 19860346/20, Contrat d'ingénierie et d'assistance technique, op. cit., p. 2.

[2] Archives nationales de France, Direction du développement économique du ministère chargé de la coopération, Fond 201 MC, 19860346/20, Contrat d'ingénierie et d'assistance technique, op. cit., p. 34.

l'intérieur et à l'extérieur du périmètre sucrier. Les études préliminaires de 1972 avaient estimé l'arrivée d'au moins 10 000 personnes avec l'ouverture du complexe sucrier[1]. Et pour un aménagement rationnel du territoire, le gouvernement préconisait l'installation des nouveaux arrivants à Banfora et non dans les alentours du périmètre sucrier au risque de créer des bidonvilles. C'est pourquoi des cités d'habitation sont aménagées pour accueillir les cadres et les ouvriers de la compagnie sucrière. Concernant la politique de logement de la société sucrière, Cissé Oumar affirme que les cadres et les ouvriers qui s'occupent de l'irrigation des champs sont logés gratuitement, tandis que les agents de maîtrise bénéficient d'indemnités de logement[2]. La cité ouvrière de Bérégadougou est mise à la disposition des employés permanents sur une base forfaitaire. Le reste des travailleurs doit habiter dans les zones environnantes du complexe sucrier à leur charge.

1. La cité des cadres

Conçue dans le projet d'aménagement du complexe sucrier pour s'établir à Banfora, la cité des cadres a finalement été construite à Bérégadougou, à une quinzaine de mètres au sud des installations industrielles (voir *Figure 5*). La non-application de cette recommandation gouvernementale s'explique par le désir de la SOMDIAA de maintenir son personnel étranger à proximité de l'usine, mais aussi par l'obligation pour les constructeurs d'usines de résider près de leur chantier de travail. Au nombre de 28 logements, la cité des cadres a été construite en deux temps : 4 villas de type C entre janvier et juin 1973 et 24 autres entre 1973 et 1975[3]. Chaque villa a une superficie de 160 m^2 [4] et servait de logements aux employés

---

[1] Centre National des Archives du Burkina Faso, ministère des Travaux publics et de l'Urbanisme, sous-série 40V, 40V28, Société Sucrière de la Haute-Volta : études d'urbanisme de Banfora, levers topographiques, correspondance - *Compte rendu de la réunion tenue le 18 juillet 1972 au ministère du Plan*, p. 1.

[2] Cissé O., « Une approche historique de l'agro-industrie au Burkina Faso », op. cit., p. 33.

[3] Sombié Ferdinand, entretien du 03 novembre 2021, SN SOSUCO à Bérégadougou, réalisé par Bancé Thomas Frank.

[4] Archives nationales de France, Direction du développement économique du ministère chargé de la coopération, Fond 201 MC, 19860346/20, Contrat d'ingénierie et d'assistance technique, op. cit., p. 36.

européens occupant des postes de direction dans les différents départements de l'entreprise.

La *Figure 6* ci-dessous montre que le style architectural des villas est classique, avec l'utilisation de briques de ciment ou le granit comme matériaux de construction. Chaque maison dispose de 3 chambres à coucher, d'un salon, d'une toilette, d'une cuisine et d'un débarras, d'un garage pour une voiture et d'une terrasse abritée[1]. Un système de climatisation est installé. La toiture est uniquement constituée de tôles d'aluminium et les ouvertures (portes et fenêtres) sont métalliques. L'aménagement intérieur et extérieur des villas est très sommaire.

Figure 6 : Plan de construction des logements de cadre de la SN SOSUCO

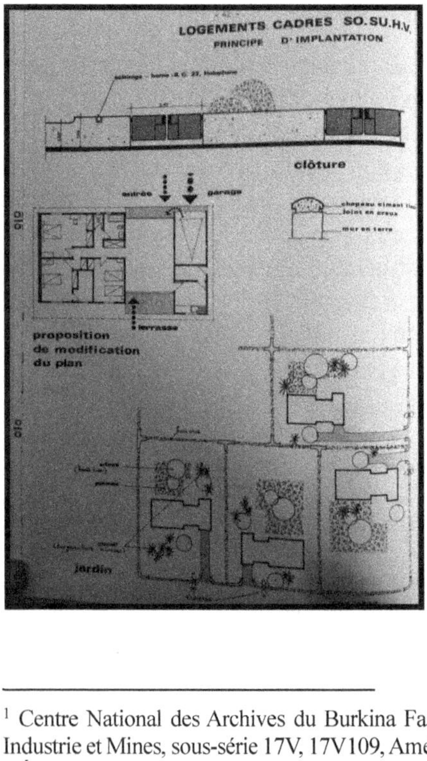

Source : Centre National des Archives du Burkina Faso, ministère du Plan, Commerce, Industrie et Mines, sous-série 17V, 17V109, Aménagement du périmètre de Banfora - *Études de programmation à Banfora*, p. 43.

[1] Centre National des Archives du Burkina Faso, ministère du Plan, Commerce, Industrie et Mines, sous-série 17V, 17V109, Aménagement du périmètre de Banfora - *Études de programmation à Banfora*, 1973, p. 41.

Figure 7 : Photographies de la cité des cadres de la SN SOSUCO

Source : Bancé Thomas Frank, *Visite de la cité des cadres de Bérégadougou*, novembre 2021.

Aujourd'hui, 45 ans après leur construction, de nombreuses villas ne sont plus habitées. Ceci est dû, d'une part, à la réduction du nombre de cadres étrangers travaillant pour l'usine et, d'autre part, à la présence dans la ville de Banfora de logements plus modernes et plus confortables pour les cadres. Par conséquent, la cité des 28 villas est moins habitée et les maisons sont abandonnées.

2. Les cités ouvrières

Deux types de cité ont été aménagés pour accueillir les travailleurs de la SN SOSUCO : une grande cité dans la commune de Bérégadougou et quatre autres dans le périmètre sucrier.

La cité ouvrière de Bérégadougou[1]

En 1975, la SOSUHV obtient de l'État burkinabè le lotissement d'un périmètre situé à Bérégadougou, à quelques kilomètres du complexe sucrier. Ce périmètre de 239 ha a été découpé en 792 parcelles pour l'édification d'une cité ouvrière destinée aux employés permanents de la SN SOSUCO. Cependant, en raison des difficultés de financement, la SN SOSUCO n'a obtenu le financement que pour la mise en valeur de 326 parcelles de 375 et 700 m^2. Ce financement a été accordé en 1975 par l'Agence Française de Développement (AFD) pour un montant total d'environ 700 000 000 de francs CFA[2]. Contrairement à la cité des cadres, les villas qui ont été réalisées sur la cité ouvrière de Bérégadougou ont été vendues aux employés à des prix forfaitaires. Ainsi, après la réalisation des villas de type F1 à F5, la SN SOSUCO a procédé entre 1988 et 2006 à l'attribution aux bénéficiaires de leurs propriétés[3]. Mais il a fallu attendre 32 années avant que la majorité

---

[1] Pour des raisons de droits d'image, nous n'avons pas pu prendre des photos des villas des travailleurs à Bérégadougou.

[2] Yere Mamadou, « Cité ouvrière de la SN SOSUCO : Après 32 ans d'attente, les propriétaires de villas reçoivent leur PUH », *Agence d'Information du Burkina*, mis en ligne le 22 juin 2020, consulté le 10 février 2023,
URL : https://www.aib.media/regions/2020/06/22/cite-ouvriere-de-la-sn-sosuco-apres-32-ans-dattente-les-proprietaires-de-villas-recoivent-leur-puh//.

[3] Le prix des villas a été fixé en fonction de la superficie de la parcelle et de la qualité de la construction. Les bénéficiaires ont payé à tempérament entre 800 000 et 3 500 000 francs CFA pour acquérir leur logement.

des bénéficiaires de ces villas (255 employés) obtiennent leur *Permis Urbain d'Habiter* (PUH)[1].

Les autres cités ouvrières

La spécificité de ces cités c'est qu'elles sont toutes aménagées dans le périmètre sucrier. En effet, pour des questions de proximité avec les zones de culture pendant la campagne sucrière, la SN SOSUCO a mis en place des cités pour loger les ouvriers saisonniers. Il s'agit des cités de Yannon Est, Yannon Ouest, Lémouroudougou et Nyanka Sud (voir *Figure 5*). Ces travailleurs saisonniers sont essentiellement des coupeurs de canne et quelques ouvriers de l'irrigation des champs. Au regard du nombre élevé de coupeurs de canne, les chambres sont partagées par 4 ou 5 personnes. Toutes ces conditions de logement contraignent de nombreux travailleurs à refuser d'habiter dans ces cités. Ils préfèrent louer des chambres à leurs frais dans les environs du complexe sucrier[2]. La plupart du temps, les logements sont rudimentaires et non équipés. Toutefois, l'entreprise rénove les logements avant le début de chaque campagne.

3. Les aménagements temporaires

Plusieurs projets d'aménagement ont été élaborés pour répondre aux besoins spécifiques des activités industrielles. La plupart de ces aménagements temporaires réalisés ont disparu à la fin de leur usage et d'autres ont été modifiés pour répondre à de nouveaux besoins. Nous allons rappeler quelques-uns de ces aménagements territoriaux :

- La cité de chantier : 50 maisons, elle a servi à loger les ouvriers de chantier du complexe sucrier. Les maisons devaient avoir l'architecture de cases traditionnelles préconstruites. À la fin des travaux de chantier, estimée en 1975, une partie des maisons pourrait être utilisée comme logement pour les

[1] Yere M., « Cité ouvrière de la SN SOSUCO », art. cit.

[2] Biaou O. D., « Améliorer la disponibilité des coupeurs de canne à sucre sur un périmètre industriel », op. cit., p. 19.

ouvriers saisonniers et pour les travailleurs en transit. Le site devait être situé au sud de l'autoroute Ouest-est[1].

- La trame d'accueil : Cette aire de 35 ha a été délimitée au nord de l'autoroute Ouest-est pour accueillir les nouveaux arrivants à Banfora. Ces nouveaux arrivants auront le choix de louer des maisons existantes ou de construire leurs propres maisons en achetant un terrain. Des infrastructures publiques seront construites (routes, eau, électricité, toilettes, etc.)[2].
- Le contournement de la route nationale 7 (RN7) : Ce projet n'a pas été réalisé faute de financement. Il consistait à désenclaver la ville de Bérégadougou de la région des Cascades et à éviter la RN7 de traverser le centre du périmètre sucrier, comme on le constate aujourd'hui.
-

II. Le processus de production du sucre et le fonctionnement de la SN SOSUCO

La chaîne de production sucrière de la SN SOSUCO est divisée en trois phases principales : la phase de culture de la canne, la phase de production du sucre et la phase de commercialisation des produits finis. Pour atteindre ses résultats annuels, la société s'appuie sur l'organisation interne du travail et la gestion efficace des ressources humaines. Par moment, nous comparerons les processus de culture de la canne à sucre et de production de sucre au Burkina Faso avec ceux du Cameroun ou du Maroc.

A/ La culture de la canne à sucre

La SN SOSUCO a démarré avec 30 ha de pépinières de canne à sucre en 1972, et aujourd'hui elle cultive environ 4 210 ha sur les 10 000 ha du périmètre sucrier de Bérégadougou. Le service Culture s'occupe des activités agronomiques (analyse des sols et introduction variétale, puis fertilisation et traitement phytosanitaire des plantations) et de l'exploitation de la canne à sucre (irrigation

---

[1] Centre National des Archives du Burkina Faso, ministère des Travaux publics et de l'Urbanisme, sous-série 40V, 40V28, Société Sucrière de la Haute-Volta : études d'urbanisme de Banfora - *Compte rendu*, op. cit., p. 2.

[2] Ibid.

des plants, activités manuelles et mécanisées). La culture de la canne à sucre s'organise autour de trois cycles.

1. La phase de bouturage ou de plante nouvelle

Une plantation de canne à sucre est obtenue par deux procédés : par bouturage ou par repousse des tiges de canne coupées. Avant le bouturage de la canne, le sol est labouré pour préparer la terre. Cette étape permet d'éliminer les obstacles naturels, de protéger le sol de l'érosion et de le disposer à recevoir les boutures. C'est également à ce stade que sont tracés les sillons du système d'irrigation. Le bouturage consiste à planter les variétés de canne à sucre sélectionnées. Une distance de 1,5 mètre est laissée entre chaque bouture. Le deuxième processus d'obtention d'une plantation de canne à sucre n'est valable que sur les sols où les tiges de canne à sucre viennent d'être coupées. En effet, après une première coupe des tiges de canne à sucre mûres, la racine repousse d'elle-même pour donner de nouvelles plantes : on parle de nouveau cycle de la canne à sucre. Et une tige peut offrir plusieurs cycles pendant quatre à cinq années consécutives.

La SN SOSUCO, en partenariat avec le Centre de coopération International en Recherche Agronomique pour le Développement (CIRAD), reçoit chaque année une trentaine de variétés de canne à sucre[1]. Ces variétés sont testées et certaines sont sélectionnées pour leur teneur en sucre, leur résistante aux maladies et leur forte capacité d'adaptation aux faibles pluviométries. De 2006 à 2016, la division Agronomie de la compagnie sucrière a estimé le rendement moyen de la culture à 69,365 tonnes de canne/ha[2]. Les deux variétés de canne les plus utilisées dans les zones de culture sont la Co997 d'Inde (42,77 % de la superficie) et la R570 de la Réunion (34,01 % de la superficie)[3]. Alors que les variétés de Barbades sont les plus utilisées au Cameroun[4], elles ne représentent que 1 % des superficies cultivées au Burkina Faso. Cela montre que le type de sol est

---

[1] Biaou O. D., « Améliorer la disponibilité des coupeurs de canne à sucre sur un périmètre industriel », op. cit., p. 18.
[2] Ibid.
[3] La liste des variétés de canne cultivées et leurs rendements se trouve à l'annexe 4.
[4] Guiawa R. T., « Les multinationales au Cameroun au lendemain des indépendances », op. cit., p. 118.

un facteur déterminant dans le choix des variétés à utiliser dans une zone de culture.

2. La phase de croissance et d'entretien

Une fois les boutures plantées, la canne commence sa croissance. Alors que le bouturage est fait manuellement à Bérégadougou, il est mécanisé au Maroc à l'aide des machines à planter. Ces planteuses assurent le sillonage, la fertilisation, la coupe et la plantation des tiges. L'utilisation des planteuses permettrait aux plantations marocaines d'économiser du temps et de la main-d'œuvre[1]. Pendant la période de croissance (12-14 mois), on observe trois types de paysages de canne : le premier marqué par les boutures de canne, le second par les jeunes tiges de canne et le dernier marqué par la canne mûre prête à être coupée.

Les tiges de canne à sucre doivent être entretenues afin d'être remplies de saccharose (le sucre contenu dans la canne à sucre). Pour rester dans un environnement sain pendant leur croissance, les plantes ont besoin d'irrigation, d'épandage d'engrais et de contrôles phytosanitaires. Les contrôles phytosanitaires sont effectués à partir de la bouture de la canne jusqu'à sa maturité. Il comprend l'utilisation de pesticides et d'engrais chimiques, le désherbage des champs et la lutte contre les maladies et les parasites. Cette phase est mécanisée, avec l'utilisation de tracteurs agricoles et d'équipements de pulvérisation d'engrais et d'herbicides. L'irrigation des plantes apporte un complément d'eau pour leur croissance pendant les périodes de faible pluviométrie (octobre à juin)[2].

3. La phase de récolte et de repousse

Après 12 mois de croissance, les tiges de canne arrivent à maturité et peuvent être récoltées. On commence par sevrer les cannes mûres durant 1 à 2 mois avec la suspension de l'irrigation dans la zone. À cette période, le paysage est vert, touffu et plein de petits insectes et d'invertébrés. À la fin de la période de sevrage,

---

[1] El Mahdaoui Soumia, « Les cultures sucrières », *Les cultures sucrières au Maroc*, n°2, janvier 2019, p. 15, mis en ligne le 4 mars 2019, consulté le 2 avril 2023, URL : https://issuu.com/culturesucrieremag/docs/cultures_sucrie_res_mag_2.

[2] Cissé O., « Une approche historique de l'agro-industrie au Burkina Faso », op. cit., p. 48.

l'effeuillage et la coupe des tiges sont effectués manuellement à Bérégadougou afin de donner de l'emploi aux saisonniers et d'enrichir le sol avec de la paille. Certaines parcelles sont brulées avant la coupe des tiges. Cette pratique faciliterait la coupe. Après la coupe à la machette, des engins motorisés (camions) ramassent les cannes et les transportent à l'usine pour la transformation industrielle. Les souches restantes sont entretenues pendant un à deux mois après la coupe. Un nouveau cycle de croissance commence avec la repousse de ces souches.

B/ Le processus de fabrication du sucre

L'extraction du saccharose[1] des tiges de canne à sucre à la SN SOSUCO est réalisée dans des ateliers industriels à travers un long processus de transformation. Quel que soit le pays, le processus de transformation de la canne à sucre demeure le même. Les différences majeures se situent au niveau de l'équipement industriel et de la capacité de production. La production du sucre peut être regroupée en trois grandes phases : la phase de préparation de la canne, la phase de production du sucre et la phase de post-production. La direction de la production est en charge de toutes les activités de production de sucre dans les ateliers. Elle est assistée par la direction contrôle et qualité pour assurer le respect des normes et la qualité des produits sucriers.

1. La préparation de la canne à sucre

Dans cette phase, la canne subit un certain nombre de traitements dans un espace appelé cours à cannes. En effet, les camions chargés de cannes provenant des champs sont pesés d'abord sur une bascule à canne (d'une capacité de 30 tonnes) pour connaitre le rendement des champs. Après la pesée, la canne est divisée en deux parties : une petite partie est laissée sur l'aire de stockage pour servir de canne de réserve et la grande partie est déversée sur la table

[1] Selon la maturité de la plante, la teneur en fibres peut varier de 10 % à 18 %, la quantité d'eau de 72 % à 77 % et le saccharose de 12 % à 16 %. Source : Arzate Alfa, *Extraction et raffinage du sucre de canne*, Saint-Norbert d'Arthabaska, ACER, 2005, p. 7,
URL : https://www.franceagrimer.fr/fam/layout/set/ajax/content/download/2411/12196/file/Canne_Publique.pdf.

d'alimentation en forme de cuvette. Sur cette table, il y a un niveleur pour égaliser les couches de canne, un ébouleur pour contrôler la chute de la canne et un dispositif de lavage de la canne. Ce lavage permet d'éliminer tous les déchets de la canne afin de faciliter l'extraction du saccharose. Un transporteur auxiliaire de cannes est chargé de découper la canne en fibres avant de l'acheminer vers un transporteur principal de cannes. Ce dernier conduira la canne à l'état fibreux vers les moulins d'extraction[1].

2. La production de sucre

La production de sucre passe par cinq grandes étapes interdépendantes.

L'extraction

L'extraction du jus de canne se fait par broyage des fibres de canne à travers une batterie de six moulins. Ces moulins produisent deux produits : un jus sucré appelé vesou et la bagasse, qui est le résidu fibreux. Alors que la bagasse est envoyée dans les chaudières pour servir de combustible, comme à la Société Sucrière du Cameroun[2], le vesou est épuré. Les moulins permettent d'extraire de 92 à 96 % de saccharose.

L'épuration

Ce procédé consiste à éliminer les impuretés présentes dans le jus issu des moulins. Pour ce faire, le vesou est d'abord tamisé pour éliminer les particules ligneuses. Ensuite, il est chaulé (ajout de chaux) et chauffé (entre 65° à 105 °C) plusieurs fois afin d'obtenir le maximum de sucre présent dans les impuretés appelées "boues". Le chaulage permet d'obtenir un PH de 7,5. Un jus clair contenant 85 % d'eau est libéré à la fin du processus d'épuration.

---

[1] Archives nationales de France, Direction du développement économique du ministère chargé de la coopération, Fond 201 MC, 19860346/19, Contrat d'ingénierie pour la construction d'une sucrerie-raffinerie : Annexe 1, 1972, p. 7.

[2] Guiawa R. T., « Les multinationales au Cameroun au lendemain des indépendances », op. cit., p. 127.

L'évaporation

Le jus clair est chauffé à différentes températures dans quatre évaporateurs à pression afin que l'eau s'évapore. Le nouveau jus, qui ne contient que 15 % d'eau, est le sirop vierge. Le sirop est ensuite chauffé à 55 °C dans trois chaudières à cuire sous pression réduite. Une pompe à vide aspire le gaz incondensable dans un condensateur barométrique.

La cristallisation

La cristallisation est le processus par lequel le jus de canne est transformé en cristaux à l'intérieur de neuf appareils de cuisson. Dans chaque appareil se trouve la masse cuite obtenue à partir du sirop. Cette masse cuite est malaxée et turbinée dans des centrifugeuses[1] pour obtenir le premier jet de sucre appelé sucre A et le sirop restant, maintenant pauvre en sucre, est appelé égout A. Lors du deuxième jet, l'égout A est malaxé et turbiné à nouveau pour produire le sucre B et l'égout B. L'égout B est malaxé et turbiné à nouveau dans un troisième jet pour produire du sucre C et de la mélasse. La mélasse sera ensuite utilisée pour produire de l'alcool dans la distillerie. Quant au sucre A du premier jet, il est soit refondu pour produire du sucre blanc (sucre raffiné), soit emballé directement, soit transformé en sucre morceaux pour la commercialisation.

Le raffinage

Le raffinage est le processus qui permet d'obtenir du sucre blanc en éliminant les impuretés contenues dans le sucre roux ou blond. Pour ce faire, le sucre A (sucre blond) est refondu dans de l'eau chaude pour obtenir un sirop auquel on ajoute de l'acide phosphorique et de la chaux. Une fois les impuretés en floculation, le sirop est pompé dans un clarificateur pour faire remonter les impuretés à la surface. Le sirop provenant du clarificateur est filtré, décoloré et cristallisé dans des cuves à cuire. Le jus clair est dirigé vers deux

[1] Une centrifugeuse est un appareil qui permet de distinguer les cristaux de sucre du sirop épuisé. À la SN SOSUCO, 14 centrifugeuses sont installées, dont 5 contiennent du sucre A, 2 du sucre B, 5 du sucre C et 2 du sucre blanc.

centrifugeuses à sucre blanc où les cristaux sont séparés de la masse cuite.

3. La phase de post-production

Cette dernière phase comprend essentiellement les activités de finition de la chaîne de production du sucre.

Le séchage et l'emballage

Le sucre blond ou blanc est séché dans des séchoirs à tambour à une température de 75 à 85 °C. Il est ensuite déversé sur un tamiseur vibrant à l'aide de godets élévateurs. Une fois sec et tamisé, le sucre est divisé en deux parties : l'une est acheminée vers l'agglomération sucrière et l'autre est dirigée vers quatre trémies de stockage. Dans ces trémies, le sucre granulé est conditionné en sacs de 1 kg et de 50 kg. Le sucre en morceaux produit dans l'agglomération sucrière est emballé dans des paquets de 1 kg.

Le stockage et le contrôle de la qualité

Le sucre produit est disposé sur des palettes en bois d'une capacité de 2 tonnes chacune. Sa distribution est assurée par le service de gestion des stocks. Le sucre granulé est stocké à l'air libre sous des bâches, tandis que le sucre en morceaux est stocké dans le magasin à stockage. Le contrôle de la qualité et de l'hygiène est assuré par la direction contrôle et qualité de la société sucrière. Des tests sont réalisés à chaque étape afin de remédier aux anomalies et d'assurer l'application des recommandations de qualité.

Pour tenter de résumer l'ensemble du processus de production de sucre à partir de la canne à sucre, nous utiliserons le schéma illustrant la production de canne à sucre réalisé par l'Institut de Recherches Agronomiques Tropicales (IRAT).

C/ La chaîne de travail et la commercialisation des produits finis

Pour atteindre les résultats positifs de la société sucrière de Bérégadougou, le travail est organisé et hiérarchisé. De la culture de la canne à sucre à la commercialisation des produits finis, des salariés qualifiés et non qualifiés sont à l'œuvre pour assurer la rentabilité de l'entreprise.

1. L'organisation du travail

Le travail est organisé à la SN SOSUCO autour de trois pôles d'activités qui sont : les activités de gestion, les activités d'exécution et les activités de support. Ci-après, nous avons l'organigramme de la SN SOSUCO.

Le premier niveau hiérarchique de la SN SOSUCO est son conseil d'administration, composé des actionnaires de la société. Les grandes orientations de la société sucrière sont prises à ce niveau annuellement. Le deuxième niveau de gestion est la direction générale. Elle est chargée d'élaborer la politique générale de la société et de coordonner les opérations de la société. Le dernier niveau de gestion est constitué de directions départementales rattachées à la direction générale : la direction de la culture, la direction de la production, la direction du contrôle et de la qualité et la direction de la commercialisation. Ces directions, subdivisées en services plus petits, sont responsables de la réalisation des objectifs spécifiques de l'entreprise. La distillerie d'alcool est également placée sous la supervision du directeur général.

Outre ces directions, il existe des services de support qui contribuent au fonctionnement de l'entreprise. Il s'agit notamment du service des ressources humaines, du service de gestion des stocks et des approvisionnements, du service informatique, du service de sécurité et des ateliers de chaudronnerie, de mécanique et d'électricité.

Figure 8 : L'organigramme de la SN SOSUCO

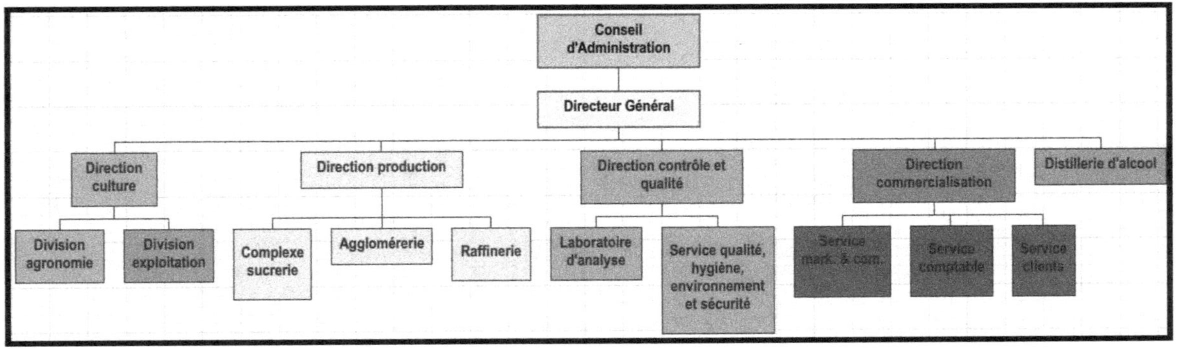

Source : Bancé Thomas Frank, *Organigramme basé sur des données collectées sur le terrain*, novembre 2022.

2. L'organisation des ressources humaines

La SN SOSUCO emploie plus de 1 500 personnes et offre plus de 10.500 emplois indirects pour le fonctionnement de son industrie sucrière[1]. Cette main-d'œuvre est divisée en trois groupes : les employés permanents, les travailleurs saisonniers et les travailleurs journaliers.

- Les employés permanents : ces employés ont rejoint la société sucrière avec un contrat de travail professionnel. Ils constituent le personnel de la SN SOSUCO. Ce sont les directeurs, les responsables de division, les agents qualifiés et les agents.
- Les travailleurs saisonniers : lors de chaque campagne sucrière, des travailleurs saisonniers sont employés dans les ateliers de production (ouvriers d'usine) et dans les zones de culture de la canne à sucre (ouvriers agricoles).
- Les travailleurs journaliers : les journaliers travaillent essentiellement dans les zones de culture pendant la saison de récolte de la canne à sucre. Ce sont des effeuilleuses, des coupeurs et des ramasseurs de canne à sucre. Le transport de la canne est effectué par des engins agricoles.

La SN SOSUCO a mis à la disposition de ses employés des bus et des camions pour faire la jonction entre leur habitation et leur lieu de travail. Ce service est fourni par la société privée de transport Société Barro, abrégée en SOBA.

3. La commercialisation du sucre et de ses dérivés

La SN SOSUCO met sur le marché burkinabé deux types de produits : le sucre et l'alcool éthylique.

[1] *Site web officiel de la SN SOSUCO*, consulté le 13 juillet 2023, URL : https://snsosuco.com/a-propos/presentation.

Le sucre de la SN SOSUCO[1]

Deux qualités de sucre sont commercialisées par la SN SOSUCO sous plusieurs formats : le sucre blond et le sucre blanc. Le sucre blond est conditionné sous forme de granulés en sacs de 50 kg et en sachets de 1 kg. Il est également conditionné en morceaux dans des paquets de 500 g, de 1 kg et de 5 kg (5 paquets de 1 kg) sous la dénomination de "Gazelle".

Quant au sucre blanc, il est commercialisé uniquement en morceaux. Il est emballé en paquets de 1 kg et regroupé en lots de 25 kg. Il est commercialisé sous la dénomination de "Cascade".

Le sucre est un produit de grande consommation dont le prix est réglementé par l'État burkinabè. Un arrêté ministériel fixe fréquemment le prix maximum de vente du kilogramme et de la tonne de sucre SN SOSUCO sur le territoire national.

Les sous-produits

Le traitement de la canne à sucre offre plusieurs produits en plus du sucre. À la SN SOSUCO, trois sous-produits de la canne à sucre sont utilisés : la mélasse, la bagasse et la vinasse. La mélasse est utilisée en distillerie pour la production d'alcool éthylique à 96° GL. Cet alcool est utilisé dans les industries comme carburant industriel et dans les pharmacies. La bagasse est utilisée comme combustible pour les chaudières de la sucrerie. Elle est aussi utilisée comme engrais. Le traitement de la vinasse (résidu des égouts de la canne à sucre) fournit des fertilisants pour les sols de la canne à sucre[2].

Le réseau de distribution

Les produits de la SN SOSUCO sont principalement commercialisés sur le marché national par le biais de vente-assistée. Cette stratégie consiste à faire appel à des grossistes agréés pour vendre le sucre aux consommateurs. C'est ainsi que le sucre est vendu par le

---

[1] Le site web de la société a été utilisé comme source principale pour l'analyse des produits commercialisés par la SN SOSUCO, car il est le seul à fournir des informations complètes sur les types de produits commercialisés. Ces informations sont accessibles sur le *Site web officiel de la SN SOSUCO*, consulté le 13 juillet 2023, URL : https://snsosuco.com/produits/le-sucre.

[2] *Site web officiel de la SN SOSUCO*, consulté le 13 juillet 2023, URL : https://snsosuco.com/produits/la-distillerie.

Groupe Nana Boureima, *Genedis Burkina*, *Etrama* et le *Groupe Velegda SARL*. Toutefois, elle a récemment créé ses propres points de vente dans quatre grandes villes du Burkina Faso : Gaoua, Tenkodogo, Dédougou, Ouahigouya[1]. Ces deux stratégies commerciales permettent d'écouler rapidement les stocks après production. L'alcool éthylique 96° GL est vendu tant à l'intérieur qu'à l'extérieur du pays.

III. L'impact de la société sucrière du Burkina Faso

Comme toute nouvelle entreprise, la création de la société sucrière burkinabè a eu des retombées sur la région des Cascades en particulier et sur le Burkina Faso en général. L'implantation du complexe sucrier à Bérégadougou a eu un impact positif sur le développement socio-économique de la région. Cependant, l'introduction de la culture de la canne à sucre et l'émergence d'une nouvelle organisation du travail ont contribué à la restructuration de la société et l'économie dans cette région.

A/ L'impact positif de l'installation de la société sucrière à Bérégadougou

En choisissant la région des Cascades pour implanter le complexe sucrier, l'objectif du gouvernement burkinabè était de créer un nouveau pôle de développement économique et social dans la région, compte tenu de la quasi-absence d'industrie locale[2]. Aujourd'hui, la société sucrière est une source de fierté nationale pour la population, puisqu'elle produit du sucre "made in Burkina" mis sur le marché depuis un demi-siècle.

[1] Sombié Ferdinand, entretien du 03 novembre 2021, SN SOSUCO à Bérégadougou, réalisé par Bancé Thomas Frank.

[2] Avant l'installation de la SN SOSUCO dans la région de Banfora, il n'existait qu'une seule minoterie de blé. Il s'agit de la Société des Grand Moulin du Burkina, créée en mai 1970 et spécialisée dans la transformation et la commercialisation des céréales (blé, maïs, sorgho) en farine.

1. La contribution de la SN SOSUCO au développement économique

Le premier impact économique généré par l'implantation du complexe sucrier de Bérégadougou est la création d'emplois. La Nouvelle Société Sucrière de la Comoé emploie environ 3 000 personnes pour le fonctionnement de son activité. Cet emploi massif de travailleurs lui a permis d'occuper la deuxième place des structures pourvoyeuses d'emplois au Burkina Faso, juste après l'État burkinabè qui comptait 216 837 employés en 2020[1]. Mais parmi les entreprises non étatiques, la SN SOSUCO occupe la première place en termes d'effectifs. En employant des milliers de personnes, la société sucrière contribue à réduire le chômage dans un pays où le taux de pauvreté était de 36,2 % en 2018[2]. En consacrant plus de 3 milliards par an à la masse salariale, elle contribue à augmenter le pouvoir d'achat de ses salariés dans un contexte d'inflation progressive des produits de consommation.

La présence de la SN SOSUCO dans la région des Cascades a contribué au développement de l'économie locale, avec la croissance et la création de nouvelles activités économiques. En effet, avec la croissance démographique que connait la région suite à l'arrivée de nouveaux employés des régions environnantes, les besoins quotidiens de la population vont augmenter et se diversifier. Les secteurs économiques bénéficiant de ce développement dans la région sont : les institutions financières, la maçonnerie, la menuiserie, la mécanique, l'artisanat, le commerce, la restauration, etc. Des sociétés de transport ont été créées pour assurer le déplacement des travailleurs à l'intérieur de la région et vers d'autres régions environnantes.

L'autre impact de la SN SOSUCO sur l'économie régionale et nationale réside dans le paiement des impôts. À l'instar des autres entreprises opérant au Burkina Faso, la SN SOSUCO s'acquitte chaque année des taxes aux autorités locales et nationales. Ces

[1] Ministère de la Fonction publique, du Travail et de la Protection sociale, *Annuaire statistique 2020*, Ouagadougou, Direction générale des études et des statistiques sectorielles, 2021, p. 26,
URL : http://cns.bf/IMG/pdf/annuaire_statistique_2020_du_mfptps.pdf.

[2] *Site web de l'Institut National de la Statistique et de la Démographie*, consulté le 26 mai 2023, URL https://www.insd.bf.

impôts couvrent le chiffre d'affaires, les droits d'importation, les patentes, les droits de douane, les cotisations sociales et les impôts sur les salaires. De 2008 à 2014, les impôts payés par la société sucrière s'élèvent à 26 121 805 480 francs CFA, soit 31,5 % du chiffre d'affaires de la société[1]. Dans une interview accordée à la presse nationale en 2018, le directeur général de la SN SOSUCO a résumé la contribution de son entreprise en ces termes :

> « La SOSUCO, c'est également près de 6 à 7 milliards de FCFA d'achats de biens au niveau national, sans compter les 3 milliards de FCFA de salaires que nous versons, le centre de santé que nous avons mis à la disponibilité des populations, les aides scolaires aux écoles qui fonctionnent grâce à nous »[2].

En ce qui concerne les employés, la direction générale a mis à leur disposition un certain nombre d'avantages économiques dans le cadre des mesures d'accompagnement. Il s'agit notamment de la possibilité de contracter un prêt pour la scolarité de leurs enfants en chaque début d'année, et d'avances sur salaire pour les employés en difficulté financière. Un magasin économique a été ouvert au sein de l'entreprise pour la revente aux salariés des biens de consommation tels que le sucre, le riz, le maïs, l'huile, etc., à des prix fixes[3].

2. Les retombées sociales du complexe sucrier

La création de la SN SOSUCO a contribué de manière significative à l'expansion de la ville de Banfora, chef-lieu de la région des Cascades. Cette expansion se caractérise par la croissance démographique que l'entreprise a entrainée. D'environ 8 000 habitants en 1972, la population de Banfora est passée à environ 23 000 habitants en 1980[4], soit un quasi-triplement en 8 ans. L'implantation de la SN SOSUCO s'est également accompagnée d'un projet d'urbanisme à Bérégadougou et à Banfora. L'entreprise

[1] A.T, « SOSUCO : pourquoi l'État subventionne-t-il l'importation du sucre », *L'économiste du Faso*, mis en ligne le 8 octobre 2018, consulté le 28 mai 2023, URL : https://www.leconomistedufaso.com/2018/10/08/sosuco-pourquoi-letat-subventionne-t-il-l-importation-du-sucre/.

[2] A.T, « SOSUCO : pourquoi l'État subventionne-t-il l'importation du sucre », *art. cit.*

[3] Hartog T., « Le périmètre sucrier de Banfora », art. cit., p. 128.

[4] Ibid.

aménage des routes et contribue à la réhabilitation des pistes rurales pour faciliter le déplacement des travailleurs. La société sucrière a construit un dispensaire et une école de trois classes à Bérégadougou, et a transformé une école communale de trois classes en une école de six classes[1]. Toujours dans le cadre de sa responsabilité sociétale, la société finance annuellement un certain nombre d'activités organisées par des associations sportives et culturelles de la région, et contribue à l'accès à l'eau potable et à des espaces verts par le reboisement[2].

La SN SOSUCO emploie en majorité des Burkinabè au sein de l'entreprise et contribue à leur formation en mécanique industrielle, génie industriel et agronomie. Une expertise locale a ainsi été développée dans l'entretien des machines, la conduite d'engins lourds et la gestion des cultures irriguées. D'autres formations socio-professionnelles sont régulièrement organisées pour les employés.

Pour répondre aux besoins de logements de ses employés, la SN SOSUCO a mis en place des cités ouvrières : quatre cités ouvrières pour les saisonniers, une cité ouvrière pour les employés permanents et une cité pour les cadres. Ces logements contribuent à améliorer l'environnement de travail des salariés et de leurs familles.

3. L'évolution des techniques agricoles

L'introduction de la culture de la canne à sucre en Haute-Volta en 1972 a entraîné un transfert de technologies et de connaissances. L'utilisation de machines agricoles pour le défrichement, le sous-solage, le désherbage et le billonnage a modernisé les pratiques agricoles dans la région des Cascades. Nous n'avons aucune connaissance de l'utilisation antérieure de ces équipements pour quelque culture que ce soit. Cette mécanisation de l'agriculture a influencé le développement des cultures de grandes surfaces, pratiquées aujourd'hui dans d'autres régions (coton, riz, sésame).

Outre l'utilisation d'outils agricoles pour la culture de la canne à sucre, le génie hydraulique a apporté une contribution majeure aux activités agricoles de la région. En plus de la technologie utilisée pour irriguer 4 000 ha de champs de canne, des plans d'eau

---

[1] Thiombiano T., *L'enclave industrielle*, op. cit., p. 178.

[2] *Site web officiel de La SN SOSUCO*, consulté le 13 juillet 2023, URL : https://snsosuco.com/engagement/rse.

aménagés (barrages de la Comoé, du Yannon et de Béréga) ont été utilisés pour la culture de produits maraîchers par les populations environnantes.

B/ Les effets négatifs de l'implantation du complexe sucrier à Bérégadougou

Comme on pouvait s'y attendre, l'implantation de la société sucrière à Bérégadougou n'a pas été qu'un succès. Nous examinerons ici les conséquences pour les populations locales et l'environnement de l'aménagement du périmètre sucrier et de la pratique des activités agricoles et industrielles.

1. Les conséquences de l'aménagement du périmètre sucrier

L'un des principaux échecs du processus d'aménagement du périmètre sucrier a été l'absence d'un plan de réhabilitation des villages expulsés. Pour obtenir les 10 000 ha du périmètre sucrier, l'État a expulsé totalement 11 villages comptant une population d'environ 5 000 habitants[1]. Bien qu'un dédommagement ait été annoncé en 1970, seule une exonération de 12 années des impôts locaux a été accordée aux familles concernées. Cette gestion des populations déplacées a laissé un terrible souvenir dans la région, qui se fait encore sentir de nos jours.

Outre la perte de leurs terres d'habitation et de culture, certaines populations de la région ont perdu leur héritage social, culturel et économique. Pour accueillir les nouvelles plantations de canne à sucre, toute la zone cultivée (autrefois les villages) a dû être débarrassée de tous les obstacles de surface par des engins mécaniques. Sur le plan économique, cela s'est traduit par la perte de champs de culture, la destruction de vergers et la disparition de pâturages pour le bétail[2]. Sur le plan social, certaines familles se sont séparées pour trouver une nouvelle habitation, en raison de la taille de leur ménage[3]. Sur le plan culturel, l'aménagement du périmètre

[1] Hartog T., « Le périmètre sucrier de Banfora », art. cit., p. 129.
[2] Cissé O., « Une approche historique de l'agro-industrie au Burkina Faso », op. cit., p. 40.
[3] Hartog T., « Le périmètre sucrier de Banfora », art. cit., p. 129.

aurait entrainé la destruction de lieux de culte, des bosquets sacrés, de cimetières et d'espaces de sociabilité.

Dès les premières années du déguerpissement, certaines cultures ont été abandonnées par manque de terres arables. Thierry Hartog explique que :

> « Dès 1971, 80 % des paysans déplacés durent restreindre leur éventail de cultures. L'autosuffisance alimentaire ne fut plus assurée totalement que par trois cultures de base : le mil, le sorgho, le maïs. D'autres cultures furent complètement abandonnées : le sésame (à 50 %), le riz (à 25 %), l'arachide (à 10 %), les pois de terre (à 8 %), sans parler de l'arrachage des palmiers-rônier, pénalisant l'ensemble des villageois »[1].

Le recul ou l'abandon de ces activités agricoles réduira le pouvoir d'achat de la population paysanne. Par conséquent, la cherté de la vie est ressentie par ceux qui ont perdu leurs zones de culture.

2. Les effets de l'industrie sucrière sur l'environnement

L'irrigation annuelle des champs de canne à sucre réduit les réserves d'eau de la région. Cela rend difficile la culture d'autres produits irrigués comme le riz. Selon Oumar Cissé, plusieurs projets de riziculture ont dû être interrompus en raison de l'insuffisance des ressources en eau[2]. Les cultures maraîchères (tomates, choux, oignons) sont délaissées au détriment des travaux dans les plantations de canne à sucre.

La culture de la canne à sucre a des effets négatifs sur l'environnement, si l'on en croit les nombreuses études menées sur cette plante. Tout d'abord, la culture de la canne à sucre entraine une érosion du sol due à l'arrosage mécanique. Cette érosion entraine un appauvrissement général des terres qui ne sont pas laissées en jachère. Un autre facteur d'appauvrissement et de fragilisation des sols est l'utilisation massive des produits phytosanitaires et de pesticides dans les champs. Toujours à propos des sols, les agronomes font état d'une énorme réduction de la quantité de terre après chaque opération de sarclage et de labour que subissent les sols de

---

[1] Ibid., p. 131.

[2] Cissé O., « Une approche historique de l'agro-industrie au Burkina Faso », op. cit., p. 41.

canne à sucre. Nous n'avons pas de données sur la quantité de sols perdue à Banfora, mais savoir que la terre a été exploitée pendant 48 ans suffit à faire frémir. L'épuisement des réserves d'eau dans la région des Cascades est dû à la culture de la canne à sucre accompagnée de 9 mois d'irrigation.

En ce qui concerne la pollution de l'air, le périmètre sucrier de la SN SOSUCO a un impact négatif sur l'environnement. Les ateliers de production, les machines agricoles et les moyens de transport utilisés quotidiennement pour les activités de l'entreprise rejettent dans l'air des polluants tels que le dioxyde d'azote et l'ozone. Les eaux usées des ateliers de production sont rejetées directement dans le Yannon et la Béréga. Ces rejets industriels peuvent avoir un impact sur la santé des salariés et de la population environnante. La détection de certaines maladies respiratoires chez les employés (asthme, bronchite, sinusite, infection pulmonaire)[1] pourrait être liée aux polluants industriels.

3. Les changements socioculturels

Si la SN SOSUCO a amélioré les conditions de vie de ses employés (comme mentionné dans les retombées sociales de l'industrie sucrière), elle a aussi bouleversé leur mode de vie et de travail traditionnel. Les travailleurs de l'entreprise et leurs familles doivent désormais se conformer strictement au système de travail imposé par leur employeur. Cela signifie un travail continu avec peu de jours de congés fixes, l'obligation de respecter les jours et heures de travail fixés par l'employeur, l'obligation d'attendre le début de chaque mois pour percevoir son salaire, la peur de perdre son emploi pour manque de résultats ou de mauvaise conduite, l'impossibilité pour les salariés permanents d'exercer d'autres activités extra-professionnelles, l'obligation d'épargner ses revenus pour s'assurer une vie financière à la retraite. Le monde capitaliste a ainsi pris le relai d'un monde longtemps resté traditionnel. Ce monde est né avec une vague de nouveaux maux sociaux : délinquance juvénile, dépravation des mœurs et des coutumes, vol, prostitution, etc.

L'accumulation des biens matériels est devenue le moteur des principales préoccupations des populations : achat de maisons, de

[1] Cissé O., « Une approche historique de l'agro-industrie au Burkina Faso », op. cit., p. 72.

moyens de transport, d'accessoires vestimentaires et d'appareils ménagers. L'individualisme et l'égoïsme ont également pris le dessus sur la solidarité d'antan. L'entraide, le travail collectif, le partage des moments heureux et douloureux ont considérablement régressé. Au contraire, des pratiques telles que la course au sommet, l'enrichissement et la jalousie humaine se sont installées dans la société. Les familles nombreuses (paternelle, maternelle et noyau) sont délaissées pour les familles nucléaires (mari, femme et enfants).

Conclusion

L'analyse du complexe sucrier du Burkina Faso a permis de comprendre le processus d'aménagement du territoire pour la réalisation d'une zone de culture de la canne à sucre, des installations industrielles et des zones d'habitation pour les employés de la société. La culture de la canne à sucre dans un pays soudano-sahélien nécessite un aménagement spécifique du territoire. Du système d'irrigation à la récolte de la canne, en passant par la phase d'entretien et de croissance, la zone de culture offre un rendement annuel assez satisfaisant pour la production du sucre. La mécanisation d'une grande partie des opérations culturales a facilité les activités et amélioré les rendements qui s'élèvent en moyenne à 300 000 tonnes de canne à sucre. La canne obtenue dans la zone de culture est broyée, raffinée et agglomérée dans les installations industrielles de la SN SOSUCO. Le sucre granulé et en morceaux ainsi obtenu est ensuite commercialisé sur le marché national par l'intermédiaire de grossistes. Les sous-produits de la canne à sucre (bagasse, mélasse et vinasse) sont valorisés de plusieurs manières. La mélasse est utilisée pour produire de l'alcool éthylique 96° GL, la bagasse pour la production d'énergie et d'engrais, et la vinasse comme fertilisant pour les sols. Le travail est organisé et hiérarchisé à la SN SOSUCO. Le personnel exerce dans trois activités principales : la gestion, la production et le soutien. Les directeurs et les chefs de service sont chargés de veiller à ce que cette organisation du travail soit respectée au quotidien, afin d'atteindre les objectifs de l'entreprise. Aujourd'hui, la compagnie sucrière est une source de fierté nationale pour ses nombreuses contributions au développement social et économique de la région des Cascades. Avec ses 3 000 employés, elle est le deuxième employeur du

Burkina Faso après l'État. Toutefois, la culture de la canne à sucre s'est révélée être une culture qui épuise les sols et la nappe phréatique. Les installations industrielles polluent l'environnement en rejetant des produits chimiques et des eaux usées. Ces impacts négatifs de l'industrie sucrière sur l'homme et la nature doivent être au centre de l'attention des autorités publiques burkinabè.

Chapitre III : L'histoire et le patrimoine comme moyens de promotion des entreprises industrielles

I. Le patrimoine sucrier du Burkina Faso

L'introduction générale de cette étude précise déjà le concept de patrimoine industriel dans sa globalité. Sur cette base, nous avons considéré le patrimoine sucrier du Burkina Faso comme l'ensemble des biens historiques, culturels et économiques liés à la culture, à la transformation et à la commercialisation de la canne à sucre.

A/ La description du patrimoine sucrier burkinabè

Les sites et biens liés à l'industrie sucrière que nous allons décrire sont actuellement en activité, ce qui en fait un patrimoine industriel "vivant". Ce patrimoine est essentiellement matériel, compte tenu de la mécanisation d'une grande partie de la culture de la canne à sucre et de la transformation industrielle de la canne à sucre en produits sucriers. Il comprend les champs de canne, les sites de production de sucre et les habitations.

1. Le paysage de la canne à sucre

La zone de culture de la canne à sucre de la SN SOSUCO (voir *Figure 9*) est sans aucun doute le premier patrimoine matériel sucrier du Burkina Faso de par son ampleur. Ces champs offrent un paysage agricole sans précédent, unique dans tout le pays. La vue agréable attire le regard des populations locales et des usagers de la route nationale, faisant de la région une destination touristique privilégiée pour les nationaux comme pour les étrangers.

Figure 9 : Photographie du paysage de la canne à sucre

Source : Bancé Thomas Frank, *Visite de terrain de la SN SOSUCO*, Bérégadougou, novembre 2021.

Figure 10 : Photographies de machines agricoles utilisées à la SN SOSUCO

Source : *Site web officiel de la SN SOSUCO*, consulté le 13 juillet 2023, URL : https://snsosuco.com/nos-equipements.

La canne à sucre est une monoculture étendue sur une superficie d'environ 4 210 ha, à l'aide de machines agricoles, d'outils de culture manuels et de matériel d'irrigation des plantes. La SN SOSUCO utilise des machines agricoles telles que des tracteurs agricoles de 175 chevaux, des tracteurs de génie civil, d'équipements d'épandage d'engrais et d'herbicides, des ramasseurs de canne, des camions et des remorques pour transporter les tiges de cannes coupées vers les zones industrielles (*Figure 10*). Le parc automobile de l'entreprise est complété par des charriots élévateurs, des véhicules de service et des camions pour la livraison du sucre aux clients. Les outils manuels utilisés dans les champs sont principalement des machettes et des couteaux. Ces outils manuels, utilisés pour effeuiller et couper les tiges de canne à sucre, ont leur propre histoire et ont évolué en même temps que les techniques de forge.

Le matériel d'irrigation est le dernier élément du patrimoine matériel de la canne à sucre. L'irrigation par pivot et par rampe frontale des champs de canne à sucre permet à l'eau de s'écouler des réservoirs vers les cannes, leur apportant l'eau supplémentaire dont elles ont besoin pour croître. Dans certaines zones de culture, l'irrigation par couverture intégrale et les arroseurs motorisés sont utilisés pour irriguer les champs de canne à sucre.

2. Le site de production du sucre

Couramment appelé "usine", le site de production est le lieu où la canne à sucre est transformée en différents types de sucre et de sous-produits. Le site de production de sucre est composé de plusieurs bâtiments de style architecturaux différents[1]. Ces bâtiments sont les suivants :

- Le bâtiment de la sucrerie-raffinerie : le plus grand bâtiment par sa dimension, il abrite les installations industrielles de la sucrerie de canne et de la raffinerie de sucre. À l'intérieur de ce bâtiment se trouvent des machines chargées de transformer la canne à sucre en sucre granulé et en sucre en

[1] Faute d'accès aux données, nous ne sommes pas en mesure de fournir plus d'informations sur l'architecture de chaque bâtiment de l'usine : fiche technique, dimensions, matériaux, etc. Nous nous sommes contentés d'une observation visuelle de ces bâtiments lors de notre visite de terrain.

morceaux. Il s'agit des moulins, des générateurs, des clarificateurs, des chaudières, des appareils à cuire, des filtres, des sécheurs, des lignes de moulage et une ensacheuse[1]. Bien qu'une grande partie du travail soit mécanique, les ouvriers de l'usine effectuent également des opérations mineures à la main.

- La distillerie d'alcool : cette zone est consacrée à la production d'alcool éthylique à 96° GL à partir de la mélasse de canne à sucre. Elle comprend des cuves, un bac en PVC, une batterie de 6 fermentateurs, une chaudière et des tanks de stockage d'alcool[2].
- Les bâtiments administratifs : pour gérer et contrôler les activités industrielles, des bureaux administratifs ont été installés à l'intérieur du site de production.
- Les bâtiments annexes : autour de ces bâtiments principaux se trouvent le laboratoire d'analyse et de test des échantillons de la société sucrière, des ateliers mécaniques et des entrepôts de stockage. Un garage a été construit derrière l'usine, du côté ouest, pour permettre le stationnement des véhicules de la société. L'usine est alimentée par trois turbo-alternateurs à vapeur situés à l'intérieur de l'usine, fournissant 1 700 kW[3].

Les machines obsolètes et les pièces de rechange sont stockées dans une zone réservée à cet effet, près de l'atelier de mécanique.

3. Les autres patrimoines sucriers

Outre le paysage de la canne à sucre et le site de production, les cités ouvrières, les rails abandonnés et la documentation constituent des témoins matériels de l'industrie sucrière burkinabè.

a) Les cités ouvrières

L'habitat des employés fait partie du patrimoine sucrier du Burkina Faso. La construction de logements à partir de 1972 a

[1] Site web officiel de la SN SOSUCO, consulté le 13 juillet 2023, URL : https://snsosuco.com/nos-equipements.
[2] Ibid.
[3] ACE Développement Synergie, op. cit., extrait vidéo consulté le 20 mai 2022, URL : https://youtu.be/Vul95akdGuA.

permis d'offrir un cadre de vie aux employés de la société sucrière. Comme déjà mentionné dans le chapitre précédent, la société sucrière a construit trois types de logements : une cité des cadres et quatre cités ouvrières dans le périmètre sucrier, suivies d'une cité ouvrière en dehors du périmètre, dans la commune de Bérégadougou. Chaque cité se distingue des autres par son emplacement, sa superficie, son nombre de logements et son style architectural[1]. Des milliers de travailleurs sont passés par ces habitations depuis leur construction, ce qui en fait un héritage social et culturel de première importance.

[1] Pour plus d'informations sur les caractéristiques des cités, voir : *Chapitre 2, I. C/ Les zones de logements.*

Tableau 5 : Les caractéristiques du logement des employés de la société sucrière

Désignation	Emplacement	Superficie	Nombre de logements	Style architectural
La cité des cadres	Dans le périmètre sucrier, à moins de 100 m des installations industriels	160 m^2/villa	28 villas de type F3 avec jardins privatifs	Maisons à un seul niveau aux murs de ciment ou de granit et aux toits de tôle.
La cité ouvrière	Dans la commune de Bérégadougou, à quelques km au nord du périmètre sucrier	239 ha	326 villas de type F1 à F5	Maisons à un seul niveau aux murs de ciment et aux toits de tôle.
Les quatre cités ouvrières	Disséminés en 4 endroits du périmètre sucrier, à proximité des zones de culture	Non obtenue	Des logements de type F2 à F3	Maisons à un seul niveau aux murs de ciment et aux toits de tôle.

Source : Bancé Thomas Frank, d'après les données sur les cités ouvrières et des cadres de la SN SOSUCO, juin 2023.

b) Les rails abandonnés

L'usine était reliée au chemin de fer de la Régie Abidjan-Niger (RAN) avant même l'inauguration de la société sucrière en 1975. Mais avec le développement des moyens de transport et le bitumage de la RN7, l'utilisation de la voie ferrée a été abandonnée au profit des routes pour le transport des matières premières et des produits commercialisés par la société sucrière. Ces rails, aujourd'hui abandonnés, sont un témoin tangible de l'histoire sucrière de la région. La *Figure 11* montre la voie ferrée abandonnée par la SN SOSUCO.

Figure 11 : Photographies des rails abandonnés dans le périmètre sucrier de la SN SOSUCO

Source : Bancé Thomas Frank, *Visite de terrain de la SN SOSUCO*, Bérégadougou, novembre 2021.

c) La documentation interne de la société sucrière

La documentation est une autre composante du patrimoine sucrier immatériel. Par documentation, nous entendons les photographies, les documents écrits, oraux ou gravés relatifs au fonctionnement de la société sucrière et à ses relations avec le monde extérieur. Il s'agit par exemple des documents administratifs, de la correspondance, des cartes d'identification des travailleurs, des fiches de paie, des données médicales des employés, etc. Cette documentation primaire, produite tout au long de l'existence de l'entreprise, serait conservée au centre de documentation de la SN SOSUCO à Ouagadougou, la capitale du pays[1].

Bien qu'il soit difficile de parler d'un patrimoine sucrier immatériel au Burkina Faso en raison de la forte mécanisation de la culture et de la transformation industrielle de la canne à sucre[2], nous pensons qu'un certain nombre de savoir-faire et de techniques ont été développés au fil des années. Ces connaissances sont spécifiques à l'industrie sucrière burkinabè et concernent les techniques manuelles d'effeuillage, de coupe et de ramassage des tiges de canne à sucre. Ce savoir-faire est détenu par une minorité de la population de la région et s'acquiert après une période d'apprentissage. Nous envisageons approfondir ce sujet dans nos prochaines études, en menant des enquêtes auprès des ouvriers agricoles de l'industrie sucrière burkinabè.

---

[1] Nous tenons à préciser qu'au cours de nos recherches, nous n'avons pas eu accès à un seul type de cette documentation. Nous n'avons pu confirmer leur existence et leur état de conservation qu'au cours de nos entretiens.

[2] Cette difficulté est due à la définition actuelle du patrimoine culturel immatériel (PCI). En substance, l'UNESCO définit le PCI comme « les traditions ou les expressions vivantes héritées de nos ancêtres et transmises à nos descendants, comme les traditions orales, les arts du spectacle, les pratiques sociales, rituelles et évènements festifs, les connaissances et pratiques concernant la nature et l'univers ou les connaissances et le savoir-faire nécessaires à l'artisanat traditionnel », UNESCO, *Qu'est-ce que le patrimoine culturel immatériel ?*, URL : https://ich.unesco.org/fr/qu-est-ce-que-le-patrimoine-culturel-immateriel-00003, consulté le 17 juin 2023.

B/ La justification de la valeur patrimoniale de l'industrie sucrière burkinabè

Après avoir proposé un bref inventaire des biens et sites de l'industrie sucrière au Burkina Faso, il nous appartient dans cette section de montrer en quoi ces biens et sites ont une valeur patrimoniale pour le Burkina Faso ?

1. La classification d'un bien au patrimoine culturel national

Le Burkina Faso dispose d'un certain nombre de textes juridiques régissant le patrimoine culturel. Toutefois, la loi fondamentale régissant la préservation et la mise en valeur des sites et biens d'intérêt national est la loi N° 024-2007/AN du 13 novembre 2007 portant protection du patrimoine culturel au Burkina Faso. Cette loi définit le patrimoine culturel comme « l'ensemble des biens culturels, naturels, meubles, immeubles, immatériels, publics ou privés, religieux ou profanes dont la préservation ou la conservation présente un intérêt historique, artistique, scientifique, légendaire ou pittoresque »[1]. Sur la base de cette définition, l'industrie sucrière peut être considérée comme un bien culturel à préserver pour son intérêt historique et scientifique. L'État burkinabè est responsable de l'inventaire et du classement des sites du patrimoine culturel[2]. Et pour qu'un site soit inscrit sur la liste nationale du patrimoine culturel, il faut qu'il soit inscrit dans l'inventaire. L'article 8 de la loi sur la protection du patrimoine culturel définit l'inscription comme suit :

> « L'inscription à l'inventaire consiste en l'enregistrement des biens meubles, immeubles et immatériels appartenant à l'État, aux collectivités territoriales, aux communautés, aux associations ou à des personnes physiques ou morales qui, sans justifier une nécessité de classement immédiat, présentent du point de vue de l'histoire, de l'art, de la pensée, de la science, de la technique ou tout autre aspect culturel, un intérêt suffisant pour rendre indispensable la préservation ».[3]

---

[1] Assemblée nationale du Burkina Faso, *Loi N° 024-2007/AN*, op. cit., p. 3.

[2] Ibid., p. 5.

[3] Ibid.

Compte tenu des conditions préalables qu'un bien doit remplir pour être inscrit sur la liste du patrimoine culturel national, il est de notre devoir de présenter les valeurs que l'industrie de la canne à sucre pourrait refléter afin de justifier son inscription sur la liste du patrimoine culturel national.

2. Les valeurs reflétées par l'industrie de la canne à sucre au Burkina Faso

Avant tout propos, il convient de préciser qu'aucun bien ou site industriel n'est inscrit sur la liste du patrimoine culturel national du Burkina Faso. Les biens et sites figurant sur cette liste font partie du patrimoine naturel et culturel (matériel et immatériel). L'émergence récente des industries, après l'indépendance du pays en 1960, pourrait justifier l'absence de biens industriels sur la liste du patrimoine national. Cependant, l'industrie sucrière est porteuse de plusieurs valeurs qui peuvent être mises en lumière pour une inscription sur la liste du patrimoine culturel du Burkina Faso.

Le site de production sucrière de la SN SOSUCO a une valeur historique pour le Burkina Faso. Tout d'abord, si l'on prend l'industrie sucrière en général, elle existe au Burkina Faso depuis 1965, soit depuis plus d'un demi-siècle. Cette longévité en fait l'une des plus anciennes industries du pays, créée juste après l'indépendance et toujours en activité. Elle est parfois citée comme une entreprise modèle en termes de résilience, malgré les crises majeures qu'elle a traversées au fil des ans. Il est donc important que la valeur historique de la SN SOSUCO soit préservée et valorisée à juste titre. Deuxièmement, la culture et la transformation de la canne à sucre suscitent un intérêt du point de vue de la technique. En effet, les ateliers de production de sucre, les machines, et les outils industriels témoignent de l'évolution de l'histoire technique du sucre au Burkina Faso. La technologie sucrière évoluant au fil du temps, la conservation de ces témoignages tangibles permet d'obtenir des données sur l'origine de la technique, ses acteurs, ses performances, etc.

Le sucre est l'un des "produits de grande consommation" au Burkina Faso en termes d'utilisation quotidienne. Malgré cela, nous pensons que très peu de personnes ont une connaissance approfondie du fonctionnement de cette industrie unique en son genre[1]. La culture de la canne à sucre et sa transformation en sucre et en produits dérivés sont des activités qui doivent être promues auprès de la population locale. La découverte des champs de canne à sucre, des cités d'habitation, des installations industrielles et du processus de fabrication du sucre sont autant d'activités qui pourraient générer un nouveau type de tourisme au Burkina Faso : le tourisme industriel. Cette activité permettrait d'augmenter et de diversifier l'offre culturelle de la région[2]. Elle inciterait également d'autres industries à ouvrir leurs portes aux visiteurs, valorisant ainsi le patrimoine industriel du Burkina Faso.

Une autre valeur développée par l'industrie sucrière est sa valeur économique. L'une des premières entreprises créatrices d'emplois au Burkina Faso, elle est une entreprise à fort impact socio-économique et dont sa préservation est essentielle pour éviter toute crise économique dans la région qui pourrait avoir des répercussions sur l'ensemble du territoire. Sur le plan économique, la SN SOSUCO est une source importante de revenus financiers pour des milliers de familles burkinabè, ainsi que pour l'État en termes de contribution fiscale au budget national.

Au regard de l'intérêt que suscite l'industrie sucrière au Burkina Faso, nous pensons qu'elle pourrait faire l'objet d'une inscription sur la liste du patrimoine culturel national. D'autres industries (textiles, huileries, savonneries, etc.) pourraient également y figurer.

---

[1] Nous ne disposons pas de chiffres pour étayer cette affirmation, mais nous émettons l'hypothèse compte tenu de la quasi-absence d'activités de promotion et d'éducation à l'industrie sucrière dans les lycées et collèges du pays.

[2] En effet, la région des Cascades abrite l'un des sites touristiques les plus visités du Burkina Faso. Il s'agit notamment des Cascades de Banfora, une série de chutes d'eau situées le long du fleuve Comoé, à une dizaine de kilomètres du périmètre sucrier de la SN SOSUCO. Les autres sites visités par les touristes sont les dômes de Fabédougou et les pics de Sindou.
Source : *Site web de l'Office National du Tourisme Burkinabè* (ONTB), consulté le 18 juin 2023, URL : https://www.ontb.bf/visites/sites-touristiques/les-cascades-de-karfiguela-banfora.

II. Des propositions de valorisation du patrimoine sucrier du Burkina Faso

Le potentiel patrimonial dont regorge l'industrie sucrière dans la région des Cascades doit être valorisé. L'objectif est de permettre à la population locale de découvrir et de renouer avec son patrimoine industriel, puis de le préserver et le transmettre aux générations futures. Pour ce faire, nous envisageons de mettre en place un centre d'interprétation et de créer un "storytelling" de l'industrie sucrière au Burkina Faso.

A/ La proposition de création d'un Centre d'Interprétation du Sucre des Cascades (CISC)

Le centre d'interprétation peut se définir comme un espace sans collection, destinée à mettre en valeur et à diffuser un patrimoine auprès d'un large public[1]. À la différence du musée, un centre d'interprétation est un espace muséographique destiné à valoriser un patrimoine qui ne peut être collecté ou contenu dans l'enceinte d'un bâtiment[2]. Les biens et les sites de l'industrie sucrière étant dispersés dans le périmètre sucrier de Bérégadougou, nous avons décidé de développer un projet de centre d'interprétation en lieu et place d'un musée. La création d'un centre d'interprétation est considérée comme un processus complexe mais important pour la préservation d'un patrimoine culturel ou naturel[3].

1. L'avant-projet du CISC

Avant de mettre en place un centre d'interprétation, un certain nombre d'actions doivent être menées en amont. Ces actions

---

[1] Chaumier Serge et Jacobi Daniel, « Nouveaux regards sur l'interprétation et les centres d'interprétation », *La Lettre de l'OCIM*, 119 | 2008, mis en ligne le 21 janvier 2011, consulté le 26 juin 2023,
URL : https://journals.openedition.org/ocim/348#tocto1n2,
DOI : https://doi.org/10.4000/ocim.348.

[2] Ibid, p. 6.

[3] L'objectif de ce travail n'est pas d'étudier en détail les centres d'interprétation, mais de s'intéresser à leur fonctionnement et à leur rôle dans la préservation et la valorisation du patrimoine culturel et naturel. Une étude plus approfondie pourra être réalisée lorsque le projet de création du centre d'interprétation sera validé.

permettront de créer les conditions nécessaires au développement du centre d'interprétation.[1]

a) La recherche d'un thème et d'un site

Un centre d'interprétation doit être construit autour d'un thème central. Toutes les activités seront menées en référence à ce thème central, qui pourra être décliné en sous-thèmes selon les besoins. Dans le cas de notre projet, le thème central du Centre d'Interprétation du Sucre des Cascades est sans aucun doute le sucre, avec des sous-thèmes tels que la culture de la canne à sucre, la production du sucre et la vie des travailleurs du sucre.

Le site qui reflète le mieux le thème développé par le centre d'interprétation est à définir. Pour notre projet, la culture et la transformation de la canne à sucre ont lieu dans une seule région du pays : les Cascades. La disponibilité d'un périmètre sucrier à Béré-gadougou, l'une des communes rurales de la région, en fait le site idéal pour le CISC. Ce choix facilitera la mobilité des visiteurs du centre.

b) La mobilisation de la ressource humaine

Les centres d'interprétation, à l'instar des autres espaces muséographiques, ont besoin de réunir un réseau d'acteurs aussi qualitatifs que diversifiés. Ces personnes contribueront au fonctionnement, à la sensibilisation, à l'information et à la formation de la population locale sur le patrimoine culturel mis en valeur dans les centres d'interprétation. La mobilisation des acteurs du CISC pourrait être réalisée par les responsables de la SN SOSUCO en collaboration avec les autorités administratives de la région des Cascades. Les acteurs à mobiliser pourraient être regroupés en plusieurs équipes :

[1] Plusieurs des idées proposées dans cette section sont le fruit de nos observations lors des visites de centres d'interprétation en France, en Italie, au Portugal et en Espagne. Nous les avons confrontées à un certain nombre d'ouvrages et à l'enseignement reçu dans le cadre du Master Techniques, Patrimoine et Territoires de l'Industrie.

- Une équipe de scientifiques[1] : la mise en valeur du patrimoine culturel par la construction d'un centre d'interprétation nécessite une approche interdisciplinaire des thèmes abordés[2]. Pour le CISC, nous comptons sur la contribution de chercheurs tels que des historiens, des sociologues, des archéologues, des ethnologues, des architectes, des urbanistes et autres. Ces acteurs animeront des débats et produiront des contenus autour du sucre et de sa culture au Burkina Faso en particulier, et en Afrique en général.
- Une équipe de professionnels de la promotion culturelle et patrimoniale : ils participeront à la définition du parcours de visite, ainsi que du contenu des expositions temporaires et permanentes. Il peut s'agir d'agents du service de protection du patrimoine culturel, de médiateurs culturels, de travailleurs de la société sucrière, de syndicats de travailleurs, de gestionnaires du patrimoine industriel et culturel, etc. Certains d'entre eux pourraient occuper des postes de médiateurs dans le nouveau centre d'interprétation.
- Une équipe de bénévoles : qu'ils soient issus d'associations de jeunes ou non, ces bénévoles s'engageront dans la réalisation du centre d'interprétation. Ils contribueront énormément à la sensibilisation et à la promotion du patrimoine sucrier de la région. Ils seront en quelque sorte les ambassadeurs du CISC auprès des populations burkinabè.
- Une équipe de gestion de projet : chargée de concrétiser l'idée d'un centre d'interprétation. Sa tâche principale sera de coordonner les actions sur le terrain. Pour le CISC, les membres de cette équipe de maîtrise d'œuvre seront issus de chacune des autres équipes, et la direction pourra être assurée par un agent de la direction régionale de la promotion du

---

[1] Gardette Guillemette, « Éléments clés de l'aménagement d'un centre d'interprétation : faisabilité, programmation, travaux, acteurs. L'exemple de la redoute Marie-Thérèse à Avrieux, Barrière de l'Esseillon », *Culture & Musées*, n° 21, 2013, consulté le 26 juin 2023, p. 201,
URL : https://www.persee.fr/doc/pumus_1766-2923_2013_num_21_1_1740,
DOI : https://doi.org/10.3406/pumus.2013.1740.

[2] Chaumier S. et Jacobi D., « Nouveaux regards sur l'interprétation et les centres d'interprétation », art. cit., p. 10.

patrimoine culturel. Cette équipe sera chargée de rédiger le dossier de présentation du projet de centre d'interprétation.

La taille et la qualité de chaque équipe dépendront de la capacité du projet à réunir le maximum de ressources humaines. Une liste de toutes ces personnes ressources sera établie et restera ouverte à de nouveaux membres[1].

c) L'étude de faisabilité

Comme pour tout projet, une étude de faisabilité doit être réalisée pour le Centre d'Interprétation du Sucre des Cascades. Cette étude aura pour objectif d'analyser la pertinence du projet, de réaliser une pré-programmation du projet et de réaliser une étude de marché pour déterminer si l'offre répond à un besoin existentiel. L'étude définira également le statut juridique opérationnel et organisationnel du centre d'interprétation[2]. Selon Guillemette Gardette, ces études sont généralement confiées à des bureaux d'études spécialisés en ingénierie culturelle et touristique[3]. Le recrutement du bureau d'études relèverait de la responsabilité du comité de pilotage, après un appel d'offres.

d) La recherche de financements

C'est l'une des phases majeures de l'avant-projet. La plupart des projets de développement ont besoin de lever des fonds pour les activités de démarrage (infrastructures, équipements, services). Ce financement peut également couvrir les premières années de fonctionnement du projet, avant qu'il ne commence à générer des revenus et à s'autofinancer. Dans le cadre du projet CISC, nous ciblerons deux types de structures pour le financement : les structures publiques (la Direction de la Culture et du Patrimoine, le fonds d'appui aux initiatives culturelles) et les structures privées (SN SOSUCO, les opérateurs économiques du secteur sucrier, les institutions financières). Les mécènes et investisseurs privés pourraient également contribuer au financement, à condition que leurs contributions soient sans contrepartie. Il est important que le

---

[1] Gardette G., « Éléments clés de l'aménagement d'un centre d'interprétation », art. cit., p. 201.
[2] Ibid., p. 203.
[3] Ibid., p. 202.

CISC conserve son indépendance pour atteindre ses objectifs. Le financement peut prendre la forme d'un prêt sans intérêt ou portant intérêt, d'un don ou d'une subvention. Dans sa phase opérationnelle, le projet doit pouvoir générer des revenus pour s'autofinancer (ventes de billets de visite, revenus de la boutique de souvenirs).

2. La phase opérationnelle du CISC

Il s'agit de la phase de mise en œuvre concrète du projet. Elle définit les objectifs à atteindre et les actions à mener sur le terrain. Le Centre d'Interprétation du Sucre dans les Cascades a trois objectifs : préserver le patrimoine sucrier du Burkina Faso, promouvoir le patrimoine sucrier auprès de la population locale et faire du patrimoine sucrier une identité nationale. Pour atteindre chacun de ces objectifs, des actions spécifiques sont nécessaires.

a) La préservation du patrimoine sucrier burkinabè

La première action consiste à dresser un inventaire complet des biens et sites de l'industrie sucrière du Burkina Faso. Cet inventaire fournira une liste exhaustive du patrimoine sucrier avec des informations sur la localisation de chaque bien, son état de conservation ou sa protection. Cette liste d'inventaire servira à constituer le dossier d'inscription du patrimoine sucrier sur la liste du patrimoine culturel national, garantissant la préservation de tous les biens et sites inscrits. L'étape suivante est la conservation et la restauration. Il s'agit de stabiliser et de réparer les biens et les bâtiments afin d'éviter qu'ils ne se détériorent davantage. D'autres biens peuvent être réhabilités pour leur valeur historique et mémorielle. Il s'agit notamment des logements des cadres en ruine et des bâtiments abandonnés de la propriété sucrière. Ces actions contribueront à pérenniser les biens concernés.

b) La valorisation du patrimoine sucrier burkinabè

La pérennité du présent projet réside dans sa capacité à attirer le maximum de visiteurs en suscitant l'intérêt pour le patrimoine industriel. Pour ce faire, plusieurs actions doivent être développées. Tout d'abord, les acteurs culturels et touristiques (médiateurs, muséologues, professionnels du patrimoine culturel) seront réunis pour développer un parcours muséologique. Celui-ci permettra de découvrir les installations industrielles de la SN SOSUCO, les champs de canne à sucre, les cités ouvrières et le bâtiment d'exposition. La prochaine étape sera la construction d'un bâtiment, idéalement situé dans le périmètre sucrier de Bérégadougou. Un concours national d'architecture sera organisé pour sélectionner la meilleure proposition. Parallèlement, un autre projet sera lancé pour la conception de la scénographie. La scénographie est une forme de médiation spatiale, un moyen de transmettre un message, un concept ou une émotion, à l'interface entre l'objet-émetteur et le public-récepteur.[1] La scénographie créera une animation (lumière, son, ombre, couleur) autour du contenu proposé par la muséographie. Une fois tous ces projets achevés, le CISC pourra fonctionner à pleine capacité.

c) Le patrimoine sucrier burkinabè : une identité nationale

L'une des principales missions du Centre d'Interprétation du Sucre des Cascades est de favoriser la découverte, la valorisation et l'appropriation du patrimoine sucrier burkinabè. Pour ce faire, il doit mettre en place un certain nombre d'activités :

- La recherche scientifique : il s'agit d'encourager les études sur le patrimoine industriel burkinabè en général, et sucrier en particulier, afin de sensibiliser le public à cette industrie. Il s'agit d'organiser des séminaires, des colloques et des ateliers, ainsi que de publier des ouvrages collectifs ou individuels traitant de l'histoire du patrimoine industriel, de son évolution et de son impact socio-économique. À moyen terme, des bourses de recherche seront mises à la disposition des étudiants et des chercheurs dans le domaine du patrimoine industriel. La publication des résultats de ces recherches placera le patrimoine sucrier au même niveau que les autres patrimoines naturels et culturels du pays. À terme, le projet prévoit d'intégrer le patrimoine sucrier dans des modules d'enseignement destinés aux élèves des écoles primaires et secondaires du Burkina Faso.

---

[1] Grzech Kinga, « La scénographie d'exposition, une médiation par l'espace », *La lettre de l'OCIM*, numéro 96, 2004, p. 5, consulté le 30 juin 2023, URL : https://ocim.fr/wp-content/uploads/2013/02/LO.961-pp.04-12.pdf.

- L'interprétation du patrimoine sucrier : l'objectif est de faciliter la compréhension par le public des biens, des sites et de la documentation relatifs au patrimoine industriel sucrier. Pour ce faire, le CISC organisera des expositions, des ateliers pédagogiques, des débats animés et des projections cinématographiques. Le but de l'interprétation est de souligner l'importance du patrimoine sucrier et de justifier les raisons de sa préservation.
- La création d'une association : l'Association de Promotion de l'Industrie sucrière au Burkina Faso (APIS-BF) regroupera les acteurs et les sympathisants de l'industrie du sucre au Burkina Faso. Son rôle sera d'intensifier les campagnes de communication sur le patrimoine sucrier, de fournir des volontaires pour les travaux de restauration et de réhabilitation de certains biens menacés, et de participer aux activités culturelles du CISC. Ses membres seront issus de toutes les couches sociales et de toutes les régions du Burkina Faso, afin d'être les premiers à relayer le patrimoine industriel sucrier auprès de la population. Ainsi, le patrimoine ne sera plus seulement l'affaire des acteurs du domaine, mais aussi celle des populations bénéficiaires.

3. L'aménagement du bâtiment du CISC

Le Centre d'Interprétation du Sucre des Cascades sera installé dans un bâtiment construit à cet effet. Ce choix a été fait en raison de l'absence d'un ancien bâtiment, d'au moins 100 m^2 et en état de récupération, disponible sur le périmètre sucrier de la SN SOSUCO. S'il est vrai que l'architecture du bâtiment du CISC sera proposée lors du concours d'architecture, nous avons néanmoins voulu montrer à quoi ressemblera l'aménagement du futur bâtiment. Sur un niveau (R+1), le bâtiment du CISC aura une surface d'environ 350 m^2. Pour ce faire, nous nous sommes inspirés du projet du centre d'interprétation de la commune de Laroque des Albères en

France, réalisé par des étudiants en master de l'Université de Perpignan Via Domitia[1].

Comme le montre la *Figure 12*, le sous-sol du bâtiment du CISC abritera la salle des machines, le local de stockage et les toilettes communes. Cette partie du bâtiment n'est accessible depuis le sous-sol que par des escaliers. Hormis les toilettes, les autres pièces du sous-sol seront inaccessibles aux visiteurs.

Le rez-de-chaussée est l'espace principal du bâtiment et accueille l'exposition permanente sur l'industrie sucrière. Près de la moitié de l'espace a été aménagé pour accueillir le contenu muséographique et scénographique. Ce niveau abrite également le service d'accueil (informations générales, billetterie, documentation), une réserve et la boutique de souvenirs. Contrairement au sous-sol, le rez-de-chaussée et l'étage sont accessibles aux personnes à mobilité réduite.

L'étage comprend un atelier pédagogique pour les plus jeunes, des bureaux pour le personnel et une salle de conférence. En cas d'exposition temporaire, la salle de conférence pourrait être aménagée pour accueillir l'exposition.

Dans l'ensemble, des mesures de sécurité ont été prises pour le bâtiment du CISC, avec l'installation de cages d'escaliers résistantes au feu. Le bâtiment a également été rendu plus accessible aux personnes à mobilité réduite, avec des ascenseurs, des couloirs, des élévateurs et des toilettes. Le bâtiment est désormais accessible à tous les types de public. À terme, un restaurant, une aire de repos, un parc automobile pourraient être aménagés à proximité.

---

[1] Perlik, Barela, Baptista, Terres, Geres et Ali-Guechu, *Projet du centre d'interprétation de la commune de Laroque des Albères. Partie 2 : préconisations et proposition d'aménagement*, Master professionnel en Urbanisme, Habitat et Aménagement, Perpignan, 2015, 74 p., consulté le 27 juin 2023, URL : https://www.payspyreneesmediterranee.org/mbFiles/documents/etudes/etudefac-2015-cimta-document3.pdf.

Figure 12 : Plan du sous-sol du CISC

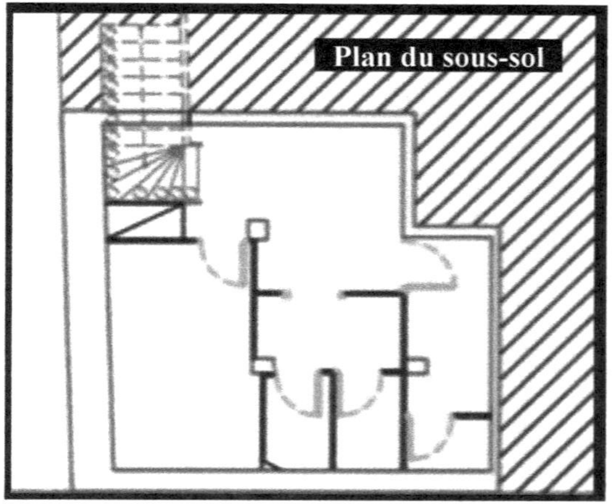

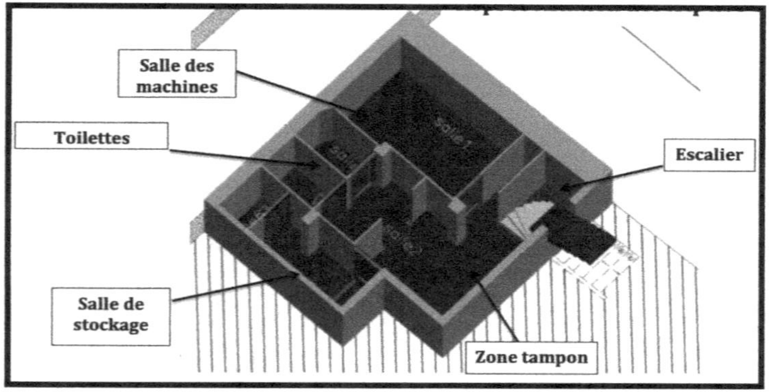

Représentation descriptive 3D du sous-sol

Source : Perlik, Barela, Baptista, Terres, Geres et Ali-Guechu, *Projet du centre d'interprétation de la commune de Laroque des Albères*, op. cit., pp. 37-38.

Figure 13 : Plan du rez-de-chaussée du CISC

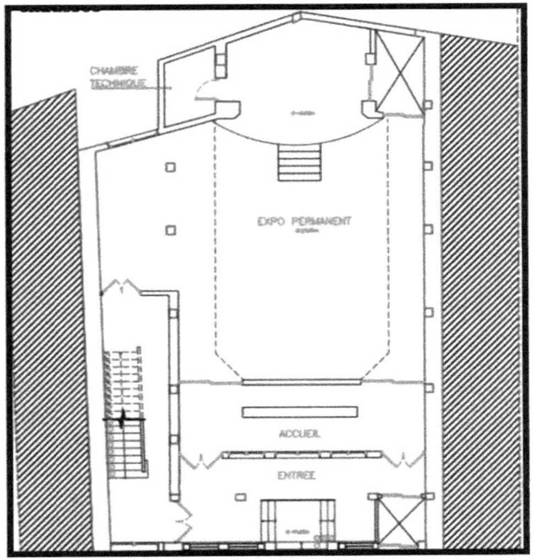

Plan du rez-de-chaussée

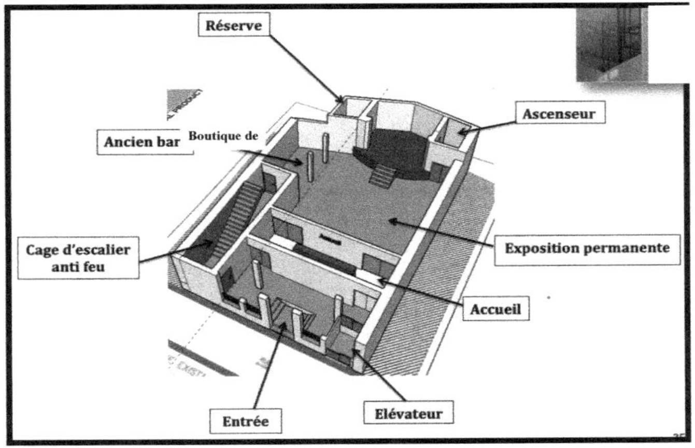

Représentation descriptive 3D du rez-de-chaussée

Source : Perlik T., *Projet du centre d'interprétation de la commune de Laroque des Albères*, op. cit., pp. 35-36.

Figure 14 : Plan de l'étage du CISC

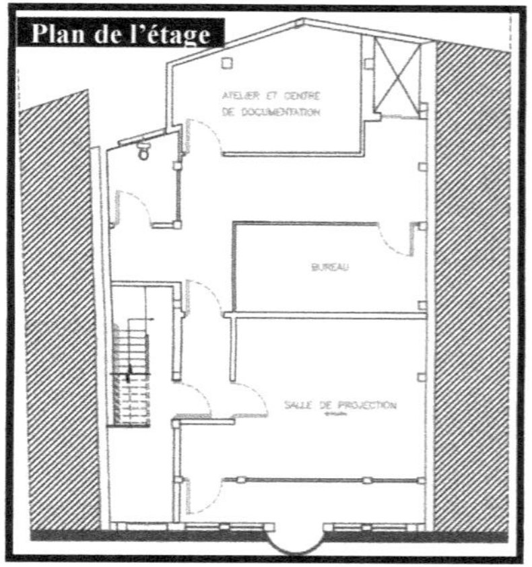

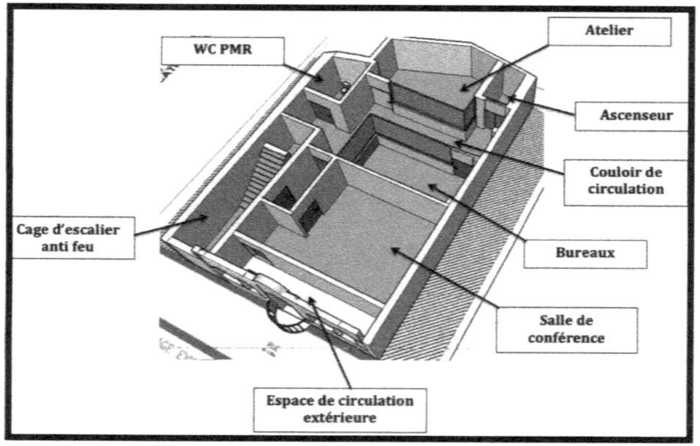

Représentation descriptive 3D de l'étage

Source : Perlik T., *Projet du centre d'interprétation de la commune de Laroque des Albères*, op. cit., pp. 42-43.

4. Le fonctionnement du CISC

Une fois le siège du Centre d'Interprétation du Sucre des Cascades (CISC) inauguré, les activités pourront commencer. Le parcours muséographique proposé dans l'avant-projet du CISC par des muséographes et des scénographes professionnels doit être pleinement opérationnel. Une équipe hautement qualifiée et enthousiaste sera chargée de mettre en œuvre les activités du centre.

a) Le parcours muséographique

"JE DÉCOUVRE LE SUCRE" est le nom que nous avons donné au parcours muséographique conçu pour le CISC. La visite complète dure de deux à trois heures et est divisée en quatre étapes. Toutefois, les visiteurs sont libres de choisir une ou plusieurs étapes du parcours. Les autres étapes peuvent être visitées ultérieurement.

Figure 15 : Schéma du parcours muséographique "Je découvre le sucre" du CISC

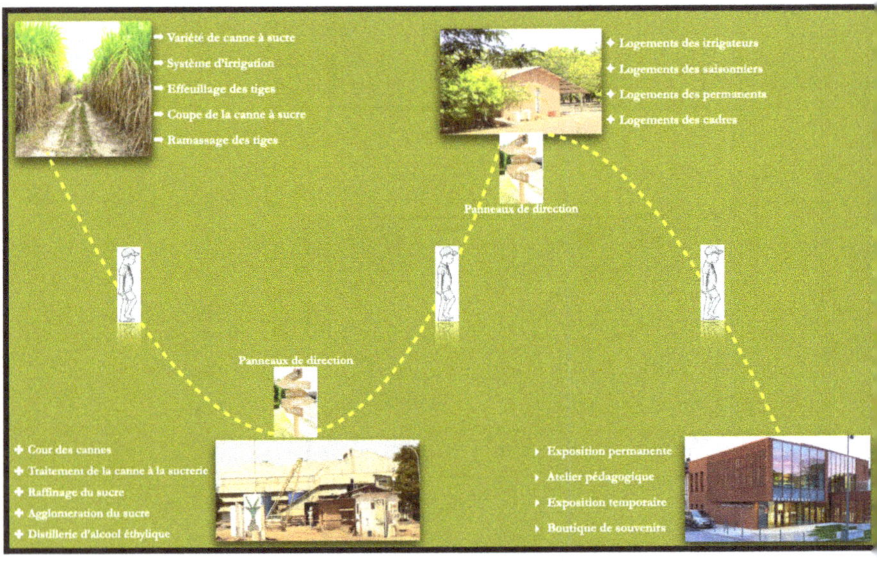

Source : Bancé Thomas Frank, *Conception d'un schéma descriptif du parcours muséographique du CISC*, juin 2023.

- ❖ "JE VAIS AU CHAMP" : est le nom de la première étape du parcours du CISC. L'objectif de ce parcours est de découvrir les plantations de canne à sucre. Immergés dans les champs de canne à sucre, les visiteurs apprennent à connaître les différentes variétés de canne à sucre cultivées à la SN SOSUCO, le processus de croissance de la canne, les systèmes d'irrigation et le processus de récolte de la canne mûre. S'ils le souhaitent, ils peuvent s'essayer à l'effeuillage, à la coupe et au ramassage de la canne à sucre dans les champs. Cet itinéraire peut être parcouru à pied, en voiturette ou en tramway[1]. L'étape "Je vais au champ" dure au maximum une heure. Des panneaux seront installés tout au long des champs de canne à sucre pour aider les visiteurs non accompagnés à se repérer dans les 10 000 ha de canne à sucre.
- ❖ "JE FAIS DU SUCRE" : cette étape consiste en une explication basique de la chaîne de production du sucre, depuis l'arrivée de la canne à sucre dans les ateliers industriels jusqu'à la production de sucre brun et de sucre blanc. Les visiteurs apprendront également comment la bagasse est utilisée pour produire de l'alcool éthylique 96° GL. La visite dure au maximum une heure et nécessite la présence d'un guide. L'usine étant toujours en activité, le guide de l'usine veillera à ce que les visiteurs respectent le cordon de sécurité mis en place pour la visite, afin d'éviter tout accident de parcours.
- ❖ "JE VIS DANS LES CHAMPS" : la troisième étape de la visite du CISC se déroule dans les cités de logement. Disséminés dans le périmètre sucrier, les visiteurs découvrent les quartiers d'habitation des travailleurs de la plantation sucrière. Ils découvrent leurs conditions de vie en fonction de leur grade : ouvrier agricole, ouvrier d'usine, travailleur permanent et cadre. Les visiteurs communient avec les

[1] Nous pensons que la ligne de raccordement ferroviaire construite avant 1975, date de l'inauguration du complexe sucrier, et aujourd'hui à l'abandon, pourrait être réhabilitée pour assurer un service de tramway à l'intérieur du périmètre sucrier. Pour rappel, il existe encore très peu de lignes ferroviaires dans le pays, et le train ne fait pas partie des moyens de déplacement quotidiens des Burkinabè.

souvenirs des milliers de personnes qui ont vécu dans ces maisons depuis 1972. Ils pourront même lire ou entendre des témoignages d'anciens habitants de ces logements. La visite "Je vis dans les champs" dure au maximum 45 minutes et peut se faire sans guide, en s'aidant des panneaux et des étiquettes.

- "JE RENCONTRE MON PATRIMOINE" : la dernière partie de la visite se déroule à l'intérieur du bâtiment du CISC. À l'issue de la visite, les visiteurs ont accès à une exposition permanente et à une boutique de souvenirs au rez-de-chaussée, puis à un atelier pédagogique et à une salle polyvalente à l'étage. En fonction des biens collectés, le CISC proposera les thèmes suivants pour l'exposition permanente : l'histoire de l'industrie sucrière, les étapes de la culture de la canne à sucre, le sucre et ses dérivés, de l'industrie au patrimoine, les métiers du sucre, les conditions de travail des ouvriers du sucre. L'exposition se veut pédagogique, interactive et immersive dans le patrimoine sucrier burkinabè. Ensuite, si besoin est, nous pouvons organiser une exposition temporaire sur l'un des thèmes ci-dessous, afin d'approfondir le thème et d'atteindre un groupe cible. Quant à l'atelier pédagogique, il se veut interactif et ludique pour les jeunes, mais aussi pour les adultes qui ne connaissent pas grand-chose au sucre. À l'aide de manettes d'écran, de puzzles et d'expériences chimiques, les ateliers éducatifs encouragent les plus jeunes à développer leur imagination, leur créativité et leur compréhension de l'univers du sucre. La scénographie contribuera à rendre l'expérience inoubliable. Le personnel du CISC sera chargé de développer et de contrôler le contenu de ces ateliers. Le parcours se terminera par la boutique, où les visiteurs auront accès à des consommables, des gadgets et des vêtements liés à l'industrie sucrière ou spécifiques à la région des Cascades.

b) Le personnel

Pour que le Centre d'interprétation fonctionne correctement et atteigne ses objectifs (préserver, valoriser et transmettre le patrimoine industriel sucrier), il doit être doté de ressources humaines hautement qualifiées. Cette équipe sera également chargée de développer les stratégies de communication du CISC. Le travail muséographique exigeant beaucoup d'ingéniosité et de pluridisciplinarité, on veillera à réunir des professionnels de plusieurs domaines. L'équipe sera composée de guides touristiques (travailleurs ou retraités de l'industrie sucrière), de professionnels de la culture (médiateurs, muséologues, scénographes, gestionnaires du patrimoine, communicateurs, conservateurs, d'archivistes) et de scientifiques (biochimistes, agronomes, chercheurs en histoire, archéologie et sociologie). On veillera à assurer la parité genre et à constituer une équipe jeune, dynamique et créative.

c) Les horaires d'ouverture et la billetterie

Étant donné qu'une grande partie de la sucrerie sera en activité pendant les visites, il serait judicieux d'adapter les horaires des visites aux heures de fonctionnement de la sucrerie, avec un léger décalage entre le début et la fin des activités. Les horaires varieront également en fonction des périodes de campagne et d'inter-campagne de la SN SOSUCO. Les dimanches seront fermés au public, afin d'entretenir les expositions et de procéder aux ajustements nécessaires. Le calendrier est le suivant :

De novembre à avril, du lundi au samedi : 10h00 à 18h00.

De mai à octobre, du lundi au samedi : 08h00 à 18h00.

En ce qui concerne le prix des billets, une étude spécifique devrait être menée afin de déterminer les tarifs appropriés pour les différentes catégories de visiteurs : enfants, écoliers et groupes scolaires, étudiants, travailleurs, personnes âgées, entreprises, etc. Dans le but ultime de permettre à la population locale de s'approprier son patrimoine industriel sucrier. L'indice de performance du CISC devrait être l'enregistrement des milliers de visiteurs par an.

B/ L'élaboration d'un storytelling pour la SN SOSUCO

Le secteur commercial est devenu très concurrentiel depuis le début du XXIe siècle, avec la création de nombreuses entreprises. Cette concurrence conduit les entreprises à travailler en permanence leur communication auprès des populations cibles. Mais avec l'essor des technologies numériques, la communication promotionnelle a pris de nouvelles formes. Le storytelling, ou littéralement l'art de raconter une histoire, est l'une de ces nouvelles formes de communication en vogue dans les entreprises commerciales. Dans cette section, nous ferons d'abord une clarification conceptuelle du storytelling. Ensuite, nous présenterons la structuration d'un storytelling. Enfin, nous ferons une proposition de storytelling pour l'industrie sucrière au Burkina Faso.

1. La clarification conceptuelle

Comme nous pouvons le constater, le storytelling est un mot d'origine anglaise. De nos jours, il est utilisé dans le langage courant. Sa traduction française signifie « l'action de raconter une histoire »[1]. En d'autres termes, le storytelling est l'art de raconter un récit. L'art de raconter est pratiqué depuis l'Antiquité, à travers les contes, les poèmes et les légendes. Pour l'écrivain Sébastien Durand, l'*Iliade* et l'*Odyssée* d'Homère[2] attestent de l'existence de cet art du récit[3].

À partir des années 1990, aux États-Unis d'Amérique, le concept a évolué pour s'étendre au marketing, à la gestion et à la politique. Le storytelling se définit comme une technique de communication narrative. L'écrivain Durand en donne la définition suivante :

> Le storytelling (ou communication narrative) est une technique qui consiste à mettre un récit ou plusieurs récits, vrais ou les plus vraisemblables possibles de personnes morales ou physiques au service d'un objectif stratégique défini en amont, dans le but de capter l'attention ou d'emporter l'adhésion d'un auditoire[4].

Le storytelling devient ainsi une technique de communication qui consiste à promouvoir une idée, un produit ou une marque à

[1] *Site web de Le Larousse*, consulté le 9 juillet 2023,
URL : https://www.larousse.fr/dictionnaires/francais/storytelling/188202#11058528.

[2] Pour rappel, Homère était un écrivain (chanteur et poète) grec du VIIIe siècle avant notre ère. Il a écrit les deux poèmes fondateurs de la littérature grecque : l'*Iliade* et l'*Odyssée*. Dans ces poèmes, l'auteur raconte l'histoire de deux "héros légendaires », Achille dans l'*Iliade* et Ulysse dans l'*Odyssée*.
Source : *Site web de Le Larousse*, consulté le 9 juillet 2023,
URL : https://www.larousse.fr/encyclopedie/personnage/Homère/124178.

[3] Durand Sébastien, *Le storytelling. Le guide pratique pour raconter efficacement votre marque*, Paris, Dunod, 2018, p. 9, consulté le 05 juillet 2023, URL : https://www.cairn.info/le-storytelling--9782100776252-page-9.htm#re1no5.

[4] Durand S., *Le storytelling*, op. cit., p. 4.

travers l'histoire qu'il raconte, afin de susciter l'attention, de séduire et de convaincre par l'émotion plutôt que par l'argumentation[1]. De cette définition, il ressort que l'objectif du storytelling est de créer de l'émotion à travers un narratif afin de vendre un service, un bien ou de valoriser une entreprise. C'est pourquoi cette technique de communication pourrait contribuer à la promotion de l'industrie sucrière au Burkina Faso.

2. Le storytelling au service des entreprises

Lorsqu'il s'agit de promouvoir leurs produits et services, les entreprises accordent une place majeure à la communication. En fonction du bien ou du service vendu, des objectifs à atteindre et des cibles, les entreprises utilisent plusieurs techniques et outils de communication, dont le storytelling. Il convient toutefois d'examiner l'importance du storytelling, sa structure et des exemples de storytelling.

a) Pourquoi faire du storytelling

Le storytelling est doublement important. Il sert à la fois les entreprises (narrateurs) et les consommateurs (récepteurs). Pour les entreprises, le storytelling est un outil de communication efficace pour plusieurs raisons :

- Se démarquer des autres entreprises : dans une économie de marché, où de nombreuses entreprises sont créées par jour, la concurrence est féroce dans tous les secteurs. Il appartient à chaque entreprise de développer des stratégies pour se différencier en offrant des services ou des biens différents. Le storytelling peut contribuer à faire la différence.
- Capter l'attention du public et le fidéliser : face aux nombreux messages publicitaires diffusés chaque jour, les entreprises ont besoin de contenus capables de retenir l'attention des consommateurs en racontant une histoire émotionnelle autour d'un produit ou d'un service. Cette même histoire peut également renforcer la fierté et l'attachement des clients à leurs produits ou services. Ainsi, le storytelling permet non

[1] *Site web de Le Larousse*, consulté le 9 juillet 2023,
URL : https://www.larousse.fr/dictionnaires/francais/storytelling/188202#11058528.

seulement d'attirer de nouveaux consommateurs, mais aussi de fidéliser les anciens.

- Présenter l'histoire d'une marque, d'une entreprise ou d'une institution : peu d'entreprises construisent leur communication sur leur passé, leur origine ou leur succès. Cependant, certaines entreprises (automobile, alimentaire, mode) bâtissent leur réputation sur leur longue et glorieuse histoire. C'est pourquoi le storytelling se construit autour de récits glorieux ou légendaires.
- Créer ou renforcer l'identité d'une institution ou d'une marque : pour les jeunes entreprises, le storytelling est une technique de communication qui peut les aider à créer une identité en racontant un récit futuriste. Il s'agit de construire un récit émotionnel sur ce que sera l'entreprise dans les dix, vingt ou cinquante prochaines années[1]. Cela permet de rassurer les consommateurs sur le fait que l'entreprise a une grande vision.
- Placer le public au cœur de la communication : le storytelling consiste à écrire un récit dans lequel le consommateur doit s'identifier à l'acteur principal ou au héros de l'histoire. Autrement dit, toute la communication est centrée sur le client potentiel, plutôt que sur le produit, comme c'est généralement le cas dans la communication traditionnelle (publicité, publipostage, spot publicitaire, etc.). De cette manière, les consommateurs sont liés à leur entreprise ou à leur institution.

Si le storytelling permet aux entreprises et aux institutions d'atteindre un certain nombre d'objectifs, il est également important pour les bénéficiaires à plusieurs niveaux :

- Justifier la consommation d'un produit ou d'un service : en transmettant une histoire émotionnelle sur un produit ou un service, le destinataire de cette histoire s'y identifie et exprime une certaine fierté d'être un consommateur. Un storytelling sur un constructeur automobile renforcera le choix du destinataire pour cette compagnie, tout comme un

[1] Durand S., *Le storytelling*, op. cit., p. 23.

storytelling sur une industrie sucrière donnera aux consommateurs des arguments pour choisir leur marque de sucre. C'est pourquoi Durand affirme que le storytelling « donne un sens à ce qui n'en a (peut-être) pas »[1].

- Partager ou adopter des valeurs : le storytelling construit autour d'une entreprise ou d'une institution mettra en évidence l'identité et les valeurs de cette entreprise. En conséquence, les employés et les clients auront tendance à s'identifier à ces valeurs et à les partager.
- (Re)découvrir un produit ou un service : parfois, les consommateurs sont intéressés par un produit ou un service, mais ne connaissent pas l'histoire qui se cache derrière le produit, la marque ou l'entreprise. Pour ces consommateurs, le storytelling est l'occasion de découvrir comment tout a commencé et comment cela a évolué au fil du temps. La communication joue donc un rôle éducatif pour ces destinataires.

b) La structuration du storytelling

Le storytelling peut s'appliquer à tous les secteurs d'activité (économique, politique, social, culturel, etc.) et à tous les types de structures (entreprise privée ou publique, institution, centre culturel ou sportif, etc.). La structure du storytelling correspond à l'ensemble des éléments ou étapes nécessaires à la réalisation d'une communication narrative. Selon Sébastien Durand, le storytelling s'articule autour de six éléments[2] :

- Une quête : c'est l'étape où l'on détermine l'objectif à atteindre par le récit. Il peut s'agir de repositionner une entreprise en difficulté, de consolider sa position de leader, d'inspirer confiance, etc[3]. Cette question se matérialise par le récit d'une histoire réelle ou fictive.
- Un protagoniste : acteur principal du récit, il est chargé de mener à bien la quête. Il existe deux types de protagonistes dans la narration : un héros qui incarne l'entreprise, le produit

---

[1] Durand S., *Le storytelling*, op. cit., p. 20.
[2] Ibid, p. 101.
[3] Ibid., p. 102.

ou le service et un héros qui incarne le consommateur[1]. Il sera doté de valeurs, de qualités et de défauts auxquels le destinataire pourra s'identifier.

- Des antagonistes : il s'agit des obstacles (personnifiés ou chosifiés) que le héros de l'histoire doit affronter. Ces obstacles peuvent être concrets, abstraits ou superflus[2]. Une forte dose d'émotion est insérée dans les antagonistes que le protagoniste de l'histoire doit surmonter.
- Une résolution (happy end) : après plusieurs tentatives, le héros surmonte enfin l'obstacle et accomplit la quête initiale. Cependant, toutes les quêtes n'ont pas besoin d'être résolues, surtout celles qui s'inscrivent dans la durée[3].
- Un adjuvant : appelé aussi preuve-produit en marketing, il s'agit généralement du produit ou du service qui a permis au héros de mener à bien sa quête[4]. C'est le moment que choisit le narrateur pour promouvoir ses produits, son entreprise ou son fondateur.
- Une continuation : à la différence d'un récit classique, le storytelling comporte souvent une sixième étape, qui correspond au prochain chapitre à raconter[5]. Tant que l'entreprise ou l'institut est en activité, il doit continuer à raconter son histoire.

Toutefois, pour réussir ces six étapes du storytelling, le narrateur doit respecter un certain nombre de règles. La première est la créativité. Le contenu de l'histoire doit être imaginatif, ambitieux et caractérisé par de nouvelles approches. L'originalité consiste également à utiliser la richesse des émotions pour promouvoir des produits ou des services[6]. La deuxième règle est l'authenticité.

---

[1] Ibid., p. 105.
[2] Ibid., p. 108.
[3] Durand S., *Le storytelling*, op. cit., p. 111.
[4] Ibid., p. 114.
[5] Ibid., p. 116.
[6] Van Der Feer Julien, « Qu'est-ce que le storytelling ? », *Fiches pratiques marketing et vente*, mis en ligne le 23 juin 2020, avec une mise à jour du 25 août 2021, consulté le 10 juillet 2023, URL : https://fiches-pratiques.chefdentreprise.com/Thematique/marketing-1052/FichePratique/storytelling-technique-marketing-qui-fait-appel-emotions-351183.htm.

L'authenticité, c'est l'utilisation d'un vocabulaire adapté au public, de gestes simples, naturels et spontanés. Enfin, il y a la cohérence du message. Le récit doit être court, simple, clair et compréhensible[1].

En règle générale, le storytelling prend la forme d'un contenu audiovisuel d'une durée comprise entre 30 et 180 secondes. Les images sont accompagnées par une musique de fond ou d'une voix off qui remplace la voix des acteurs pour susciter plus d'émotion. Des sous-titres accompagnent les scènes clés du scénario pour en faciliter la compréhension. Les images sont traitées de manière à être captivantes.

c) Des exemples de storytelling

Comme mentionné ci-dessus, le storytelling se distingue des autres techniques de marketing en plaçant le consommateur au centre du récit. Le produit, le service ou l'entreprise n'est mentionné qu'en arrière-plan, ou presque à la fin du scénario. Nous avons sélectionné ci-dessous trois histoires, parmi des milliers, que nous avons trouvées réussies et qui pourraient servir d'études de cas. Ces histoires sont les suivantes :

- **Bertha Benz** : the first driver[2] : ce storytelling réalisé par Mercedes-Benz USA, une filiale du constructeur automobile allemand Mercedes-Benz Group, est centré sur Bertha Benz. Elle était la femme de Karl Benz, l'un des cofondateurs de la marque Mercedes-Benz en 1926. Bertha Benz, l'héroïne de ce storytelling, est présentée comme la première conductrice de voiture, puisqu'elle a été la première à essayer l'invention de son mari (à son insu) en 1888. L'objectif du constructeur automobile est de montrer que le geste courageux d'une femme a révolutionné le monde des transports et a été à l'origine de l'industrie automobile qui allait suivre. Au-delà des valeurs de féminisme et de courage que Mercedes-Benz

---

[1] Granger Raphaële, « Communiquer efficacement avec le storytelling » *Manager-Go*, mis en ligne le 19 septembre 2021, consulté le 10 juillet 2023, URL : https://www.manager-go.com/efficacite-professionnelle/storytelling.htm.

[2] Mercedes-Benz USA, *Bertha Benz : the first driver*, vidéo de 2mn16s, mise en ligne le 21 août 2018, consultée le 11 juillet 2023, URL : https://www.youtube.com/watch?v=JBL_G-C51Dk.

souhaite partager avec ses consommateurs, il s'agit aussi de faire connaitre une partie de l'histoire de l'automobile restée méconnue du grand public. Des six étapes d'un scénario de storytelling, seule la dernière étape est omise, l'histoire de Bertha Benz ayant ainsi été révélée.

- **Uber-Stories**[1] : cette communication narrative a été créée pour mettre en valeur un service. En effet, Uber est une multinationale américaine créée en 2009 pour proposer des services de Voitures de Transport avec Chauffeur (VTC) via une application mobile. Dans cette histoire, Uber montre comment ses services facilitent la mobilité des utilisateurs. En choisissant deux "jeunes amoureux", Uber joue sur les émotions, en amenant les utilisateurs à se sentir comme l'un des deux acteurs. Le rôle d'adjuvant, joué par un service, est clairement mis en évidence dans ce contenu à partir de la 59e seconde de la vidéo. Les étapes d'un scénario de storytelling y figurent.
- **Apple**, inclusion and diversity - open[2] : avec cette vidéo, le géant américain de l'électronique Apple cherche à dresser son propre portrait. Pour ce faire, il fait défiler des images de 68 employés de toutes religions, couleurs de peau, orientations sexuelles et âges. L'objectif est de montrer les valeurs qui animent l'entreprise depuis sa création en 1976 : ouverture d'esprit, diversité, inclusion et pluralité du monde. Ce que l'on retient de ce storytelling, c'est la volonté de Apple à partager ses valeurs fondamentales avec ses consommateurs, et de les rassurer sur le fait que les produits qu'ils consomment sont développés dans un environnement de travail équitable et pluriel. Ainsi, les utilisateurs trouveront la fierté de consommer davantage de produits du géant de l'électronique.

---

[1] Uber, *Uber-Stories*, vidéo de 1 mn : 05 s, mise en ligne le 7 novembre 2019, consultée le 11 juillet 2023,
URL : https://www.youtube.com/watch?v=tCsJsRCFYKc.

[2] Apple, *Inclusion and diversity - open*, vidéo de 2mn03s, mise en ligne le 9 novembre 2017, consultée le 11 juillet 2023,
URL : https://www.youtube.com/watch?v=cvb49-Csq1o.

Il existe d'autres exemples de marques telles que *Coca Cola*, *Nike*, *McDonald's*, etc. que nous vous laissons découvrir par vous-même pour comprendre l'intérêt d'une telle technique de communication. Toutefois, il est important de rappeler que le storytelling peut avoir un impact négatif sur la promotion d'un produit ou d'un service s'il n'est pas correctement développé. Cela peut se produire en créant une histoire trop imaginaire ou trop fictive qui n'est pas plausible ou vraie pour le public cible. Il est donc nécessaire de rester aussi proche que possible des histoires réelles.

3. La conception de storytellings pour la SN SOSUCO

Pour l'industrie sucrière du Burkina Faso, nous envisageons de développer une série de communications narratives. Ces communications auront pour but de révéler l'histoire de l'industrie sucrière, de renforcer l'identité de la SN SOSUCO, de valoriser son patrimoine industriel et d'insuffler aux consommateurs un sentiment de fierté et d'appartenance à l'industrie. Pour ce faire, trois types de storytelling ont été développés, basés sur la documentation, les archives et les témoins matériels de l'industrie sucrière disponibles dans la région des Cascades.

- Un storytelling sur la SN SOSUCO (entreprise) : la première série de storytelling que nous produirons concerne l'entreprise qui gère l'industrie sucrière burkinabè : la Nouvelle Société Sucrière de la Comoé (SN SOSUCO). Comme nous l'avons déjà mentionné dans le deuxième chapitre de ce document, la SN SOSUCO a connu plusieurs mutations de 1965 à nos jours. Ces mutations se caractérisent par des changements de statut juridique et de fonctionnement : *SESUHV* de 1965 à 1968 (société d'études), *SOSUHV* de 1968 à 1985 (société d'économie mixte), *SOSUCO* de 1985 à 1998 (société d'État) et *SN SOSUCO* de 1998 à nos jours (société d'économie mixte). Chacune de ces périodes de l'histoire de la SN SOSUCO fera l'objet d'un récit de deux minutes maximum, revenant sur les grands évènements. Cette série de storytelling sera l'occasion pour les travailleurs du sucre et le peuple burkinabè de découvrir l'histoire de leur industrie sucrière.

- Un storytelling sur la "Gazelle" et la "Cascade" (marques) : l'industrie sucrière du Burkina Faso commercialise deux marques de sucre : le sucre blond sous la marque "Gazelle" et le sucre blanc sous la marque "Cascade". Ces deux marques figurent sur l'emballage de chaque produit sucrier, sans réelle communication. Pourtant, il est important que les consommateurs se souviennent de l'histoire de la marque chaque fois qu'ils consomment du sucre. Cela permet non seulement de les fidéliser, mais aussi de les rassurer sur le produit qu'ils consomment. À cette fin, des communications narratives spécifiques à chaque marque présenteront l'origine du nom de la marque, l'auteur de la proposition de nom et la relation entre le nom de la marque et le produit sucré. Le logo de la SN SOSUCO fera également l'objet d'un scénario. Tous ces scénarios seront mis en place avec le consommateur au centre, afin qu'il se reconnaisse dans ces marques.
- Un storytelling sur le sucre et l'alcool (produits) : la dernière série de storytelling portera sur les principaux produits de l'industrie sucrière burkinabè : le sucre et l'alcool éthylique 96° GL. Ici, il sera question de proposer des récits qui vont présenter plusieurs facettes du sucre et de l'alcool pharmaceutique et industriel. On aura ainsi des récits sur la découverte du sucre, les différents produits dérivés de la canne à sucre, les différents usages du sucre, les différents usages de l'alcool, les dosages recommandés pour une santé saine, le travail dans les usines, le travail dans les champs, etc. Un scénario spécifique sera élaboré pour chacun de ces sujets de communication avec une quête, un protagoniste, un antagoniste, une résolution, un adjuvant et une continuation. Le consommateur sera toujours au centre du récit qui se veut captivant et émouvant.

Voici brièvement présenter la manière dont nous voulons appliquer la technique de la communication narrative à l'industrie sucrière burkinabè. Dans le cadre d'une étude approfondie, nous pourrons produire les scénarios de chaque récit et les remettre aux graphistes pour le montage audiovisuel.

Conclusion

L'industrie sucrière du Burkina Faso est un ensemble composé d'un paysage de canne à sucre, d'installations industrielles et de cités d'habitation. Ce complexe est l'un des exemples phares du passage du Burkina Faso d'une production artisanale à une production industrielle à partir de 1972. Ces sites, qui conservent la mémoire du sucre, sont aussi des témoins privilégiés des débuts de l'industrialisation au Burkina Faso. Un demi-siècle plus tard, l'usine sucrière reste la plus ancienne industrie du pays encore en activité. Il est essentiel que les traces de cette industrialisation et la mémoire du sucre qui habite ces sites soient préservées et transmises aux générations futures. Pour ce faire, il est nécessaire de développer des projets de conservation, de valorisation et de transmission de ce patrimoine aux générations futures. Dans cette optique, nous avons proposé deux projets de valorisation. Le premier est la création du Centre d'Interprétation du Sucre des Cascades (CISC) qui vise à créer un parcours muséographique en 4 étapes pour la découverte et l'appropriation du patrimoine sucrier. Le CISC siégera à Bérégadougou, dans le périmètre sucrier. La deuxième proposition concerne le développement d'une technique de communication appelée le storytelling. L'objectif du storytelling est de développer des récits émouvants sur l'histoire de la SN SOSUCO, sur les marques de sucre commercialisées au Burkina Faso, sur le sucre et ses sous-produits. L'importance de cette communication est de rassurer les consommateurs de sucre et de créer un lien fort entre l'industrie sucrière et eux. Une fois ce lien tissé, les consommateurs développeront une identité de fierté envers l'industrie sucrière et la protégeront à tout égard.

Conclusion générale

La recherche dans le cadre de ce document a été menée autour du thème suivant : *La société sucrière du Burkina Faso (SN SOSUCO) : de l'aménagement du territoire à la préservation de la mémoire (1965-2020)*. L'objectif de la recherche a été de montrer la valeur patrimoniale de l'unique industrie sucrière au Burkina Faso. En activité depuis un demi-siècle, la Nouvelle Société Sucrière de la Comoé (SN SOSUCO) n'a pas fait l'objet d'études pour la valorisation et la préservation de son patrimoine sucrier. Cependant, elle est l'une des rares industries créées après l'indépendance du pays en 1960 à être encore en activité. Au vu de toutes ces années d'activités de la SN SOSUCO, nous avons pensé qu'elle dispose d'un patrimoine sucrier qui méritait d'être mis en valeur.

La SN SOSUCO a été créée en 1965 avec pour objectif la production et la commercialisation du sucre et de ses sous-produits sur le territoire national et dans la sous-région. L'analyse historique a établi que la société sucrière avait du mal à décoller. En 58 années d'existence, son statut juridique a évolué de *Société d'économie mixte* (1972-1985) à *Société d'État* (1985-1998) avant de redevenir une *Société d'économie mixte* (1998 à ce jour). À l'image de son statut juridique, la situation économique et sociale de la société sucrière montre une grande instabilité. Sur le plan économique, la SN SOSUCO a pu réaliser une production record de 37 600 tonnes de sucre (2007-2008) et des ventes de 55 938 tonnes (2001-2002). Cependant, certaines années, elle peine à produire 20 000 tonnes de sucre et à les commercialiser (32 000 tonnes de méventes en mars 2015). De 1998 à 2010, la société sucrière a bénéficié d'investissements d'environ 20 milliards de francs CFA pour dynamiser la production et rendre le sucre local compétitif sur le marché national. Malheureusement, les résultats tardent à venir, compte tenu de la série de méventes qu'elle a connue entre 2007 et 2019. Quant au climat social, il est aujourd'hui plus détendu qu'en 1991 et 1999. Les travailleurs étant la force productive de l'entreprise, leurs conditions de travail et de vie doivent être régulièrement améliorées pour espérer des rendements à la hauteur des attentes.

Après avoir établi le cadre historique de l'industrie sucrière, nous nous intéressons à son occupation spatiale et à ses activités internes. En effet, la culture de la canne à sucre dans un pays soudano-sahélien nécessite un aménagement du territoire spécifique. Du système d'irrigation à la récolte de la canne, en passant par la phase d'entretien et de croissance, la zone de culture offre un rendement annuel assez satisfaisant pour la production du sucre. La mécanisation d'une grande partie des opérations de culture a facilité les activités et amélioré les rendements qui s'élèvent en moyenne à 300 000 tonnes de canne à sucre. La canne obtenue dans la zone de culture est broyée, raffinée et agglomérée dans les installations industrielles de la SN SOSUCO. Le sucre blond et blanc ainsi obtenu est ensuite commercialisé sur le marché national par l'intermédiaire de grossistes. Les sous-produits de la canne à sucre (bagasse, mélasse et vinasse) sont valorisés de plusieurs manières. La mélasse est utilisée pour produire de l'alcool éthylique 96° GL, de la bagasse pour la production d'énergie et d'engrais et la vinasse comme engrais pour les sols. Le travail est organisé et hiérarchisé à la SN SOSUCO. Le personnel exerce dans trois activités principales : la gestion, la production et le soutien. Les directeurs et les chefs de service sont chargés de veiller au quotidien au respect de cette organisation du travail, afin d'atteindre les objectifs de l'entreprise. Aujourd'hui, la société sucrière est une source de fierté pour ses nombreuses contributions au développement social et économique de la région des Cascades. Avec ses 3 000 employés, c'est le deuxième employeur du Burkina Faso après l'État. Cependant, la culture de la canne à sucre s'est révélée être une culture qui épuise les sols et la nappe phréatique. Les installations industrielles polluent l'environnement en libérant des produits chimiques et des eaux usées. Ces impacts négatifs de l'industrie sucrière sur les personnes et la nature doivent être au centre de l'attention des autorités publiques burkinabè.

Le patrimoine sucrier matériel et immatériel du Burkina se divise en trois grands ensembles : les paysages de canne à sucre, les installations industrielles et les zones d'habitation. Les biens matériels trouvés dans ces espaces sont constitués de champs de canne à sucre, d'équipements agricoles, d'équipements hydrauliques, de machines, de bâtiments industriels, de logements, d'une voie ferrée abandonnée et d'une abondante documentation. Tous ces biens matériels fonctionnent grâce à un savoir-faire artisanal (travail manuel dans les champs et ateliers industriels) et à la technique de transformation de la canne à sucre en produits et sous-produits sucriers. Tous les sites qui conservent la mémoire du sucre constituent des témoins privilégiés des débuts de l'industrialisation au Burkina Faso et de son évolution. Il est donc essentiel que les traces de cette industrialisation et la mémoire du sucre qui habite ces sites soient préservées et transmises aux générations futures. Pour ce faire, il est nécessaire de développer des projets de conservation, de valorisation et de transmission de ce patrimoine aux générations futures. Dans cette optique, nous avons proposé deux projets de développement. Le premier est la création du Centre d'Interprétation du Sucre des Cascades (CISC) qui vise à créer un parcours muséographique en 4 étapes pour la découverte et l'appropriation du patrimoine sucrier. La deuxième proposition concerne le développement d'une technique de communication appelée storytelling. L'objectif du storytelling est de développer des récits émouvants sur l'histoire de la SN SOSUCO, sur les marques sucrières commercialisées au Burkina Faso, sur le sucre et ses sous-produits. L'importance de cette communication est de rassurer les consommateurs de sucre et de créer un lien fort entre eux et l'industrie sucrière.

En somme, on constate que l'industrie sucrière au Burkina Faso possède un important patrimoine sucrier matériel et immatériel qui mérite d'être inscrit sur la liste nationale du patrimoine culturel. Si nos recherches documentaires et nos sorties de terrain ont mis en lumière le patrimoine sucrier matériel du Burkina Faso, nous pensons que le patrimoine sucrier immatériel reste à explorer. En effet, pour des raisons de sécurité liées aux attaques terroristes et contraintes personnelles, nous n'avons pas pu réaliser d'enquêtes orales auprès des détenteurs de la mémoire du sucre, qui sont : les dirigeants de l'entreprise sucrière, les représentants des travailleurs, les responsables syndicaux et les autorités administratives, religieuses et coutumières de la région. Il serait donc judicieux que nous y revenions dans des études ultérieures afin de dresser un inventaire exhaustif du patrimoine immatériel de l'industrie sucrière burkinabè.

Sources et bibliographie

I. Les sources

A/ Les archives

CENTRE NATIONAL DES ARCHIVES DU BURKINA FASO, SÉRIE V.

Présidence du Faso, sous-série 7V

7V405, Situation des industries burkinabè : correspondances, rapports, 1960-1995.

7V408, Correspondance relative au projet de création d'industrie, 1965-1994.

Ministère du Plan, Commerce, Industrie et Mines, sous-série 17V

17V93, Société Sucrière de la Comoé : études diverses, 1989.

17V109, Aménagement du périmètre de Banfora : études de détails, programmation, notes, 1973.

Ministère du Commerce, du Développement industriel et des Mines, sous-série 31V

31V145, Création d'une agglomérerie de sucre à Bérégadougou (cercle de Banfora), 1968.

31V82 Arrêté portant fixation des prix du sucre de la Société Sucrière de la Haute-Volta (SOSUHV), 1972.

Ministère des Travaux publics et de l'Urbanisme, sous-série 40V

40V28, Société Sucrière de la Haute-Volta : études d'urbanisme de Banfora, levers topographiques, correspondance, 1972.

Ministère du Plan, des Mines et de l'Industrie, sous-série 41V

41V234, Société Sucrière de Haute-Volta : études diverses, 1972.

CENTRE NATIONAL DES ARCHIVES DU BURKINA FASO, SÉRIE AP.

Archives privées de Tiemounou Vinama François Djibril, sous-série 2AP

2AP18, Procès-verbal manuscrit de la réunion tenue le 22 janvier 1977 sur la situation de la SOSUHV et la situation politique du pays, 1977.

ARCHIVES NATIONALES DE FRANCE, FONDS MC.

Direction du développement économique du ministère chargé de la coopération, Fonds 201 MC,

19860346/19, Contrat d'ingénierie Fives Lille-Cail, 1972.

19860346/19, Contrat d'ingénierie pour la construction d'une sucrerie-raffinerie, 1972.
19860346/19, Études d'urbanisme du périmètre de Banfora, 1972.
19860346/20, Projet sucrier de Banfora, 1972.
19860346/20, Complexe agro-industriel de Banfora, 1972.
19860346/20, Contrat d'ingénierie et d'assistance technique pour la création du complexe sucrier de Banfora, 1972.
20030075/34, Note sur l'enracinement de la canne à sucre à la SOSUHV, 1980.

B/ Les sources orales

Enregistrements audiovisuels

Apple, *Inclusion and diversity - open*, vidéo de 2mn03s, mise en ligne le 9 novembre 2017, consultée le 11 juillet 2023, URL : https://www.youtube.com/watch?v=cvb49-Csq1o.

Bancé Thomas Frank, Entretien avec un manipulateur latéral des champs de canne à sucre, le 08 novembre 2021, 29mn19s.

Bancé Thomas Frank, Entretien durant la visite de l'usine sucrière du Burkina Faso, le 08 novembre 2021, 1h08mn48s.

Mercedes-Benz USA, *Bertha Benz : the first driver*, vidéo de 2mn16s, mise en ligne le 21 août 2018, consultée le 11 juillet 2023, URL : https://www.youtube.com/watch?v=JBL_G-C51Dk.

Radiodiffusion Télévision du Burkina, *Zoom sur la SN-SOSUCO, créée depuis 1965 et qui emploie plus de 3 000 personnes*, reportage télé de 3mn50, mis en ligne le 7 décembre 2020, consulté le 15 mars 2023, URL : https://youtu.be/WW4OevRYqEQ.

Uber, *Uber-Stories*, vidéo de 1mn05s, mise en ligne le 7 novembre 2019, consultée le 11 juillet 2023, URL : https://www.youtube.com/watch?v=tCsJsRCFYKc.

II. Les références bibliographiques

A/ Méthodologie de rédaction

Beaud Michel, *L art de la thèse : comment préparer et rédiger un mémoire de master, une thèse de doctorat ou tout autre travail universitaire à l'ère du Net*, Paris, La Découverte, 2006.

Martinais Mathilde, « Atelier méthodologique », *Séminaire de Master 1 en Techniques, Patrimoines et Territoires de l Industrie,* Université Paris 1 Sorbonne-Panthéon, 2021-2022.

Tremblay R. R., Perrier Yves, *Savoir plus : outils et méthodes de travail intellectuel*, Paris, Les Éditions de la Chenelière inc., 2e éd., 2006.

B/ Industrie sucrière

African Business French, « Burkina Faso : des mesures d'urgence pour le sucre », *Magazine de l'Afrique*, mis en ligne le 11 juillet 2018, consulté le 30 avril 2023, URL : https://magazinedelafrique.com/uncategorized/burkina-faso-des-mesures-durgence-pour-le-sucre/.

A.T, « SOSUCO : pourquoi l'État subventionne-t-il l'importation du sucre », *L'économiste du Faso*, mis en ligne le 8 octobre 2018, consulté le 28 mai 2023, URL : https://www.leconomistedufaso.com/2018/10/08/sosuco-pourquoi-letat-subventionne-t-il-l-importation-du-sucre/.

Biaou Orèdola Daryle, « Améliorer la disponibilité des coupeurs de canne à sucre sur un périmètre industriel : cas de la SN SOSUCO », Mémoire de master en Ingénierie de l'eau et de l'environnement, Institut International d'Ingénierie de l'Eau et de l'Environnement, 2017, consulté le 1er décembre 2022, 100 p., URL : http://documentation.2ie-edu.org/cdi2ie/opac_css/doc_num.php?explnum_id=2614.

Cissé Oumar, « Une approche historique de l'agro-industrie au Burkina Faso : le cas de la SN SOSUCO de 1974 à 2008 », Mémoire de maîtrise en Histoire économique, Université de Ouagadougou, 2009, 126 p.

Comité de Privatisation, « Rapport annuel 2017 », rapport réalisé pour la Primature de la République de Côte d'Ivoire, 2017, 32 p., consulté le 2 mai 2023, URL : http://privatisation.gouv.ci/fichier/1526053515Rapport-annuel-2017.pdf.

Commission de Privatisation, *Privatisation de la SOSUCO*, Ouagadougou, ministère du Commerce, de l'Industrie et de l'Artisanat, 1998.

Compaoré Georges, « L'industrialisation de la Haute-Volta », thèse de doctorat de 3e cycle en Géographie et Écologie tropicales, Université de Bordeaux III, 1984, consulté le 2 octobre 2021, 281 p., URL : https://beep.ird.fr/collect/depgeo/index/assoc/COMGEO84/COMGEO84.pdf.

Compaore Georges, « Enclavement et industrialisation au Burkina Faso », dans Vennetier Pierre (dir.), *Aspects du développement économique d un pays enclavé : le Burkina Faso,* Talence, Centre de recherche sur les espaces tropicaux, 1998, pp. 67-82.

El Mahdaoui Soumia, « Les cultures sucrières », *Les cultures sucrières au Maroc*, n° 2, janvier 2019, p. 15, mis en ligne le 4 mars 2019, consulté le 2 avril 2023, URL : http://www.fimasucre.ma/sites/default/files/2020-06/Cultures%20Sucrières%20Mag%202%20fr%20%281%29.pdf.

Gadiaga Karim, « SN SOSUCO : Après la mévente, la rupture de stock », *L'économiste du Faso*, mis en ligne le 28 novembre 2016, consulté le 8 mai 2023,
URL : https://www.leconomistedufaso.com/2016/11/28/sn-sosuco-apres-mevente-rupture-de-stocks/.

Guiawa Rose Timeu, « Les multinationales au Cameroun au lendemain des indépendances : cas de la SOSUCAM de 1964 à nos jours. », Mémoire de master en Techniques, Patrimoine et Territoires de l'industrie, Université de Padoue, 2021, 244 p.

Hartog Thierry, « Le périmètre sucrier de Banfora. (Haute-Volta) : du pouvoir technocratique aux déboires paysans », *Cahiers d'outre-mer*, n° 142 - 36e année, 1983, pp. 119-135, consulté le 20 juin 2022,
URL : https://www.persee.fr/doc/caoum_0373-5834_1983_num_36_142_3061,
DOI : https://doi.org/10.3406/caoum.1983.3061.

Konan, Kouamé, Ouattara, Péné et Dick (dir.), « Caractérisation des surfaces récoltées selon le statut hydrique et efficience des systèmes d'irrigation dans le périmètre sucrier de Ferké 2 en Côte d'Ivoire », *Afrique Science, 14(5)*, mis en ligne en septembre 2018, consulté le 27 mars 2023, pp. 107-119,
URL : https://www.researchgate.net/publication/328026993_Caracterisation_des_surfaces_recoltees_selon_le_statut_hydrique_et_efficience_des_systemes_d%27irrigation_dans_le_perimetre_sucrier_de_Ferke_2_en_Cote_d%27Ivoire.

Magazine Jeune Afrique, « Castel et SOMDIAA, une fusion pur sucre », *Economie*, mis en ligne le 11 janvier 2011, consulté le 13 avril 2023,
URL : https://www.jeuneafrique.com/31207/economie/castel-et-somdiaa-une-fusion-pur-sucre/.

Organisation des Nations Unies pour l'alimentation et l'agriculture (FAO), *Les techniques d'irrigation pour les agriculteurs à petite échelle : Pratiques clés pour les praticiens de la RRC*, FAO, [version numérique], 2014, consulté le 27 mars 2023,
URL : http://www.fao.org/3/a-i3765f.pdf.

Organisation Mondiale du Commerce, *Premier communiqué de presse : résumé des rapports du secrétariat et du gouvernement*, réalisé le 13 novembre 1998, consulté le 22 mars 2023,
URL : https://www.wto.org/french/tratop_f/tpr_f/tp089_f.htm.

Ouédraogo Frédéric, « SN-SOSUCO à Banfora : encore 23 832 tonnes de sucre en mévente », *News A Ouaga*, 2018, Mise en ligne le 2 mars 2018, consulté le 27 janvier 2023,
URL : http://news.aouaga.com/h/114535.html.

Saka Parfait, « Étude d'un aménagement hydroagricole en milieu rural : le cas de la plaine de Niofila dans la province de la Comoé », Mémoire de maîtrise en Géographie, Université de Ouagadougou, 1991, 106 p.

Samuel Paré, « Risk of workers exposure to pesticides during mixing/loading and supervision of the application in sugarcane cultivation in Burkina Faso », *Journal of Environmental hydrology*, vol. 20, mis en ligne en décembre 2012, mis à jour le 16 mai 2014, consulté le 25 mars 2023, URL : Pesticides_risk_assessment.

Société d'Organisation, de Management et de Développement des Industries alimentaires et agricoles (SOMDIAA), *Dossier de presse*, [version numérique] 2018, consulté le 15 avril 2023, URL : https://www.somdiaa.com/wp-content/uploads/2015/11/DP-Somdiaa-2018-VD.pdf.

Société d'Organisation, de Management et de Développement des Industries alimentaires et agricoles (SOMDIAA), *Rapport Développement Durable*, rapport réalisé en 2019, 94 p., consulté le 14 avril 2023, URL : https://www.somdiaa.com/wp-content/uploads/2015/11/SOMDIAA_Rapport_Developpement_Durable_2019_VODEF.pdf.

Sy Amir Lookman, « SN SOSUCO : La campagne sucrière 2014-2015 lancée », *L'économiste du Faso*, mis en ligne le 15 décembre 2014, consulté le 5 mai 2023, URL : https://www.leconomistedufaso.com/2014/12/15/sn-sosuco-la-campagne-sucriere-2014-2015-lancee/.

Sy Amir Lookman, « Crise à la SN SOSUCO : les travailleurs n'ont jamais manqué de salaire », *L'économiste du Faso*, mis en ligne le 2 novembre 2015, consulté le 8 mai 2023, URL : https://www.leconomistedufaso.com/2015/11/02/crise-a-la-sn-sosuco-les-travailleurs-nont-jamais-manque-de-salaire/.

Sy Amir Lookman, « Suspension de l'importation du sucre et des huiles : une mesure saluée par les industriels », *L'économiste du Faso*, mis en ligne le 23 septembre 2019, consulté le 9 mai 2023, URL : https://www.leconomistedufaso.com/2019/09/23/suspension-de-limportation-du-sucre-et-des-huiles-une-mesure-saluee-par-les-industriels/.

Thiombiano Taladidia, *L'enclave industrielle : la Société Sucrière de Haute-Volta*, CODESRIA/NENA, [version numérique], 2019, ISBN: 978-2-86978-888-6.

Yere Mamadou, « Cité ouvrière de la SN SOSUCO : Après 32 ans d'attente, les propriétaires de villas reçoivent leur PUH », *Agence d'Information du Burkina*, mis en ligne le 22 juin 2020, consulté le 10 février 2023,

URL : https://www.aib.media/regions/2020/06/22/cite-ouvriere-de-la-sn-sosuco-apres-32-ans-dattente-les-proprietaires-de-villas-recoivent-leur-puh//.

C/ Valorisation du patrimoine

Assemblée nationale du Burkina Faso, *Loi N° 024-2007/AN portant protection du patrimoine culturel au Burkina Faso*, Ouagadougou, AN, 13 novembre 2007, publié au Journal officiel du Faso du 27 décembre 2007, n° 52, consulté le 25 mars 2023,
URL : https://www.google.com/loi_n024-2007/an.

Chaumier Serge et Jacobi Daniel, « Nouveaux regards sur l'interprétation et les centres d'interprétation », *La Lettre de l OCIM*, 119 | 2008, pp. 4-11, mis en ligne le 21 janvier 2011, consulté le 26 juin 2023,
URL : https://journals.openedition.org/ocim/348#tocto1n2,
DOI : https://doi.org/10.4000/ocim.348.

Crouzet François, « Naissance du paysage industriel », *Histoire, économie et société*, n° 3, 16e année, Environnement et développement économique, 1997, pp. 419-438, consulté le 13 mars 2023,
URL : https://www.persee.fr/doc/hes_0752-5702_1997_num_16_3_1955,
DOI : https://doi.org/10.3406/hes.1997.1955.

Durand Sébastien, *Le storytelling. Le guide pratique pour raconter efficacement votre marque*, Paris, Dunod, 2018, consulté le 05 juillet 2023, URL : https://www.cairn.info/le-storytelling--9782100776252-page-9.htm#re1no5.

Garçon Anne-Françoise, Cardoso de Matos Ana, et Fontana Giovanni Luigi (dir.), *L aluminium et la calebasse. Patrimoines techniques, patrimoines de l industrie en Afrique.* Paris, UTBM, 2013.

Gardette Guillemette, « Éléments-clés de l'aménagement d'un centre d'interprétation : faisabilité, programmation, travaux, acteurs. L'exemple de la redoute Marie-Thérèse à Avrieux, Barrière de l'Esseillon », *Culture & Musées*, n° 21, 2013, consulté le 26 juin 2023, pp. 199-205,
URL : https://www.persee.fr/doc/pumus_1766-2923_2013_num_21_1_1740,
DOI : https://doi.org/10.3406/pumus.2013.1740.

Granger Raphaële, « Communiquer efficacement avec le storytelling » *Manager-Go*, mis en ligne le 19 septembre 2021, consulté le 10 juillet 2023,
URL : https://www.manager-go.com/efficacite-professionnelle/storytelling.htm.

Grzech Kinga, « La scénographie d'exposition, une médiation par l'espace », *La lettre de l OCIM*, numéro 96, 2004, pp. 1-12, consulté le 30 juin 2023,
URL : https://ocim.fr/wp-content/uploads/2013/02/LO.961-pp.04-12.pdf.

Laroche Florent, « Contribution à la sauvegarde des objets techniques anciens par l'archéologie industrielle avancée. Proposition d'un modèle d'information de référence muséologique et d'une Méthode interdisciplinaire pour la capitalisation des connaissances du patrimoine technique et industriel », Thèse de doctorat en Génie Mécanique, Université de Nantes, École Doctorale Mécanique, Thermique et Génie civil, 2007, Vol. 1/2–Manuscrit, 450 p.

Organisation des Nations Unies pour l'Éducation, la Science et la Culture, *Convention concernant la protection du patrimoine culturel et naturel*, adoptée par la Conférence générale à sa dix-septième session Paris, 16 novembre 1972, consulté le 17 mars 2023,
URL : https://whc.unesco.org/archive/convention-fr.pdf.

Organisation des Nations Unies pour l'Éducation, la Science et la Culture, *Les indicateurs UNESCO de la culture pour le Développement (IUCD)*, Genève, UNESCO, 2009, consulté le 17 mars 2023,
URL : https://fr.unesco.org/creativity/sites/creativity/files/digital-library/cdis/Dimension%20Patrimoine.pdf.

Perlik, Barela, Baptista, Terres, Geres et Ali-Guechu, *Projet du centre d'interprétation de la commune de Laroque des Albères. Partie 2 : préconisations et proposition d'aménagement*, Master professionnel en Urbanisme, Habitat et Aménagement, Perpignan, 2015, 74 p., consulté le 27 juin 2023,
URL : https://www.payspyreneesmediterranee.org/mbFiles/documents/etudes/etudefac-2015-cimta-document3.pdf.

The International Council on Monuments and Sites, *Principes conjoints ICOMOS-TICCIH pour la conservation des sites, constructions, aires et paysages du patrimoine industriel : « Les principes de Dublin »*, adoptés par la 17e Assemblée générale de l'ICOMOS le 28 novembre 2011, consulté le 15 mars 2023,
URL : https://www.icomos.org/images/DOCUMENTS/Charters/GA2011_ICOMOS_TICCIH_joint_principles_EN_FR_final_20120110.pdf.

Van Der Feer Julien, « Qu'est-ce que le storytelling ? », *Fiches pratiques marketing et vente*, mis en ligne le 23 juin 2020, avec une mise à jour du 25 août 2021, consulté le 10 juillet 2023, URL : https://fiches-pratiques.chefdentreprise.com/Thematique/marketing-1052/FichePratique/storytelling-technique-marketing-qui-fait-appel-emotions-351183.htm.

D/ Thèmes généraux

Bakouan Dominique, « Le complexe de la gare ferroviaire de Bobo-Dioulasso (Burkina Faso) : histoire, gestion et perspectives de valorisation patrimoniale (1934 à 2021). », Mémoire de master en Techniques, Patrimoine et Territoires de l'industrie, Université de Évora, 2022, 188 p.

Bancé Thomas Frank, « Migrations et impacts socio-économiques à Béguédo, Centre-Est, Burkina Faso : 1919-2017 », Mémoire de master, Université Joseph Ki-Zerbo, département d'Histoire et Archéologie, 2021, 160 p.

Conseil Municipal de Banfora, *Plan Communal de Développement de la Commune urbaine de Banfora : horizon 2019-2023*, Banfora, Commune urbaine de Banfora, 2019, [Ouvrage disponible à la Mairie de Banfora]

Conseil Municipal de Bérégadougou, *Plan Communal de Développement 2020-2024 de Bérégadougou*, Bérégadougou, Commune rurale de Bérégadougou, 2020 [Ouvrage disponible à la Mairie de Bérégadougou].

Conseil Régional des Cascades, *Plan Régional de Développement 2018-2022*, Direction générale de l'Économie et de la Planification, 2018.

Dabré Abdoul Djalilou, « Industrie textile et développement du territoire burkinabè : cas de Faso Fini (ex VOLTEX) à Koudougou (1969 à nos jours). », Mémoire de master en Techniques, Patrimoine et Territoires de l'industrie, Université de Padoue, 2022, 262 p.

Direction Régionale de l'Économie et de la Planification des Cascades, *Profil régional des Cascades, version définitive*, Direction générale des Pôles de Croissance et de l'Appui à la Décentralisation, 2014.

Direction Régionale de l'Économie et de la Planification des Cascades, *Tableau de bord socio-économique de la région des Cascades, version définitive*, Direction générale des Pôles de Croissance et de l'Appui à la Décentralisation, 2014.

Institut National de la Statistique et de la Démographie (INSD), *Monographie de la région des Cascades*, Ouagadougou, INSD, 2019, consulté le 14 mars 2023, URL : http://www.insd.bf/contenu/documents_rgph5/MONOGRAPHIE%20DES%20CASCADES%205E%20RGPH.pdf.

Institut National de la Statistique et de la Démographie (INSD), *Cinquième Recensement général de la Population et de l'Habitation du Burkina Faso, Synthèse des résultats définitifs*, Ouagadougou, INSD, 2e édition, 2022, consulté le 27 mars 2023, URL : https://www.insd.bf/fr/file-download/download/public/2066.

Ministère de la fonction publique, du travail et de la protection sociale, *Annuaire statistique 2020*, Ouagadougou, Direction générale des études et des statistiques sectorielles, 2021, URL : http://cns.bf/IMG/pdf/annuaire_statistique_2020_du_mfptps.pdf.

Sissao Claude Etienne, « La SECACO : la création d'une usine en temps de guerre en Haute-Volta. », *Outre-mers*, tome 97, n° 366-367, Images et pouvoir dans le Pacifique, 2010, pp. 273-298, consulté le 30 mars 2023, URL : https://www.persee.fr/docAsPDF/outre_1631-0438_2010_num_97_366_4466.pdf, DOI : https://doi.org/10.3406/outre.2010.4466.

E/ Sitographie

Site web officiel de la SN SOSUCO, consulté le 13 juillet 2023, URL : https://snsosuco.com.

Site web officiel de la SOMDIAA, consulté le 17 avril 2023, URL : https://www.somdiaa.com.

Site web officiel de l'UNESCO, consulté le 17 juin 2023, URL : https://www.unesco.org/fr.

Site web de OTECH leading irrigation, consulté le 10 mai 2023, URL : https://www.otech.fr/fr/.

Site web de l'INSD, consulté le 26 mai 2023, URL https://www.insd.bf.

Site officiel de l'ONTB, consulté le 18 juin 2023, URL : https://www.ontb.bf.

Site web de Genedis Burkina, consulté le 22 mai 2023, URL : https://www.genedisburkina.com.

Site web de Google earth, consulté le 12 mai 2023, URL : https://earth.google.com/web.

Site web de l'Académie française, consulté le 17 mars 2023, URL : https://www.dictionnaire-academie.fr.

Site web de Le Larousse, consulté le 17 mars 2023, URL : https://www.larousse.fr/dictionnaires/francais.

Site web du Centre National de Ressources Textuelles et Lexicales, consulté le 16 mars 2023, URL : https://www.cnrtl.fr.

TABLE DES FIGURES

TABLE DES TABLEAUX

TABLE DES GRAPHIQUES

ANNEXES

Annexe 1 : Cahier de doléances du 1er Mai 1991 présenté par les centrales syndicales de la SOSUCO

I. Economique et social
   a) Non à l'application d'un programme d'ajustement structurel sauvage à la SOSUCO.
   b) Mise en place d'un statut du personnel à la SOSUCO et son application effective.
   c) Matériel de sécurité et de travail en rapport avec la nature des travaux à la SOSUCO.
   d) Révision et reclassement des travailleurs du Service entretien et des autres cas d'injustice à la SOSUCO.
   e) Abrogation de la note de service suspendant provisoirement les tenues de travail à la SOSUCO.
   f) Réorganisation du service de l'action sociale pour qu'il joue pleinement son rôle en faveur des travailleurs.
   g) Élaboration de textes clairs concernant la cité de Bérégadougou dont les habitants vivent dans l'incertitude totale quant à leurs droits et devoirs.
   h) Précisez les attributions des différentes responsables à la SOSUCO afin de favoriser les prises de décisions rapides et efficaces pour l'entreprise et les travailleurs.

II. Santé et éducation
   a) Prise en charge à 80 % des ordonnances des travailleurs de la SOSUCO et leur famille.
   b) Prise en charge des examens et évacuations sanitaires des travailleurs de la SOSUCO et leur famille à 100 %.
   c) Nécessité d'une deuxième ambulance au centre médical de la SOSUCO.
   d) Application effective de la formation professionnelle du personnel à la SOSUCO.

e) Reprise des travailleurs suspendus ou licenciés sans motif valable.
f) Une juste solution au problème de ces travailleurs contribuera à décrisper la tension sociale à la SOSUCO.

Source : Cissé O., « Une approche historique de l'agro-industrie au Burkina Faso », op. cit, Annexe n° 4.

Observation : La lecture de ce cahier de doléances nous donne une idée sur la situation socio-économique qui prévalait à la SN SOSUCO dans les années 1990. Tous les secteurs d'activité étaient soumis aux revendications syndicales.

Annexe 2 : Lettre ouverte à Monsieur le Ministre du Commerce, de l'Industrie et de l'Artisanat/ Ouagadougou

Organisation syndicale SN SOSUCO : CGTB-SYNACAME/CSB/ONSL-SYNTCAS/USTB/UGTCS/FESBACI/CSB Banfora

Monsieur le Ministre,

Nous venons par la présente vous faire connaitre ce qui suit :

Depuis le lancement du processus de privatisation de la SOSUCO, les organisations syndicales ont, à travers toutes les rencontres officielles ou par correspondances, émis des inquiétudes quant à la fiabilité du système de contrôle et autres accords destinés à pérenniser la SOSUCO et à sauvegarder nos emplois.

Six mois seulement après la fin de ce processus de privatisation, nos inquiétudes se confirment chaque jour puisqu'on assiste à des importations de sucre de toutes qualités à des prix divers qui rendent difficile la commercialisation de nos produits.

Pourtant au bouclage de ce processus, vous aviez affirmé toute votre grande satisfaction pour cette privatisation « Oh combien réussi » ; et affirmé aux travailleurs, l'engagement du gouvernement à appuyer les efforts du repreneur pour le maintien de nos emplois et la pérennité de l'entreprise, tout en exhortant les travailleurs à redoubler d'efforts pour une meilleure productivité afin de mériter leurs emplois.

Monsieur le Ministre, les travailleurs ont joué pleinement leur rôle comme en témoignent les résultats partiels de la campagne en cours :

- Broyage moyen de canne par 24 heures = 2 461,800 tonnes contre 2 160 tonnes en 1997-1998.
- Extraction sucre = 95,25 contre 94,74 en 1997-1998.
- Pertes totales = 2,20 contre 2,62 en 1997-1998.
- Rendement = 11,41 contre 11,16 en 1997-1998.

Cependant, l'inondation du marché national en sucre souvent de qualité douteuse, voire dangereuse pour la santé de nos populations déjà précaire et les niveaux de prix de la concurrence semblent découler d'une concurrence déloyale de certains importateurs.

Aussi, voudriez-vous bien faire prendre toutes dispositions utiles pour faire respecter rigoureusement la réglementation en matière d'importation de sucre (rigueur dans la délivrance des CNC, régularité des déclarations de mise à la consommation, paiement de tous les droits et taxes de douane, application de la TVA sur vente à réserver à l'État comme le fait la SN SOSUCO, etc.).

Monsieur le Ministre, l'État a déjà pris d'importantes dispositions telles que l'agrément au code des investissements mais nous pensons qu'au niveau du gouvernement, des efforts peuvent encore être faits pour une meilleure protection et sauvegarde de la SN SOSUCO. A ce titre et selon nos informations, la Côte d'Ivoire qui est un pays côtier par où transitent certains sucres qui inondent le Burkina Faso, n'a sur son marché que le sucre produit par ses unités locales (SUCAF et Sucre-Ivoire) fruits de la privatisation de SODESUCRE. Il est bon également de savoir que malgré notre position géographique, nos prix de vente au consommateur restent sensiblement les mêmes.

Monsieur le Ministre, il vous appartient, en relation avec vos collègues concernés, de faire prendre toutes les mesures adéquates et rapides pour l'assainissement du marché national du sucre ; sinon la privatisation de la SOSUCO qu'on dit réussie, risque de se transformer en échec. Ce qui aura pour conséquence de rendre les travailleurs très méfiants et incrédules vis-à-vis des propos « rassurants » quant aux bienfaits de cette privatisation (maintien et création d'emploi, promotion de l'entreprise, développement économique et social, etc.).

En conclusion, Monsieur le Ministre, nous vous demandons de prendre toutes vos responsabilités face à la liquidation de notre secteur industriel.

Pour notre part, nous nous battrons pour la sauvegarde de notre unité industrielle et de nos emplois.

C'est pourquoi nous prenons l'opinion publique à témoin car si d'aventure des mesures sociales devaient être entreprises sur le dos des travailleurs, nous prendrons nos responsabilités en engageant toutes actions que nous jugerons utiles contre la liquidation de ce qui reste aujourd'hui comme entreprise digne de ce nom. Car faut-il le rappeler, la SN SOSUCO est le premier pourvoyeur d'emplois après l'État.

Sûrs et convaincus que vous réservez une attention particulière à la présence, nous vous prions de croire, Monsieur le Ministre, à notre détermination à nous battre pour la sauvegarde de nos emplois.

Banfora, le 24 février 1999.

Source : Cissé O., « Une approche historique de l'agro-industrie au Burkina Faso », op. cit, Annexe n° 5.

Observation : Cette lettre des responsables syndicaux à leur ministre de tutelle témoigne de la méfiance des travailleurs à l'égard du fonctionnement de la SN SOSUCO au lendemain de sa privatisation. Tout en rappelant leurs efforts, les travailleurs s'inquiètent des conséquences de la libéralisation du secteur du sucre au Burkina Faso et appellent à la prise des mesures de restriction. Ils ont également rappelé au ministre leur attachement à la pérennité de leur industrie sucrière au-delà des luttes syndicales.

ANNEXE 3 : CARACTÉRISTIQUES DES VILLAGES DÉPLACÉS LORS DE L'INSTALLATION DE LA SN SOSUCO

N° D'ordre	Village	Nombre de familles touchées	Nombre d'habitants	Groupe ethnique	Année d déplacemen
1	Takalédougou	176	1 597	Toussian	197
2	Séréfédougou	56	427	Karaboro	197
3	Niankadougou	10	96	Karaboro	197
4	Karfiguéla	78	970	Karaboro	197
5	Lémouroudougou	89	776	Karaboro	197
6	Malon	21	269	Karaboro	197
7	Dapri	13	144	Karaboro	197
8	Dalina	14	129	Turka	197
9	Bérégadougou	6	40	Soukalas	197
10	Tarfila	43	300	Turka	197
11	Banfora	43	250	Gouin	197
TOTAL		549	4 998		

Source : Hartog Thierry, « Le périmètre sucrier de Banfora. (Haute-Volta) : du pouvoir technocratique aux déboires paysans », *Cahiers d'Outre-mer*, n° 142 - 36e année, 1983, p. 130.

Observation : Ce tableau complète l'analyse faite dans le document. Il donne les caractéristiques de tous les villages touchés par le processus d'aménagement du périmètre sucrier de Bérégadougou.

ANNEXE 4 : LES VARIÉTÉS DE CANNE ET LEURS RENDEMENTS

Variétés	Pays d'origine	Récolte (tonne de canne)	Superficie en pourcentage	Rendement en tonne/ha
Co997	Inde	116 291,76	42,77	76,76
R570	Île de la Réunion	92 928,040	34,01	77,74
PR1007	Porto Rico	23 624,94	8,58	77,74
DIVERS	Divers pays	12 815,78	5,01	72,27
SP701006	Brésil	13 475,85	4,58	83,08
SP711406	Brésil	5 007,57	2,26	62,59
B8008	Barbades	3 983,81	1,83	61,29
R579	Île de la Réunion	2 776,79	0,96	81,34
TOTAL	-	270 904,54	100,00	74,02

Source : Direction Culture/SN SOSUCO, *Données sur les variétés de canne à sucre*, 2016, données recueillies par Biaou O. D., « Améliorer la disponibilité des coupeurs de canne à sucre sur un périmètre industriel », op. cit., p. 18.

Observation : La diversité des variétés de canne à sucre utilisées dans les zones de culture de la SN SOSUCO est mise en évidence dans ce tableau. Cette stratégie d'acquisition de plusieurs qualités de canne à sucre permet à la société sucrière d'élargir ses options variétales, de choisir la meilleure variété disponible dans le monde afin de prétendre à des rendements plus élevés.

Table des matières

Structures éditoriales du groupe L'Harmattan

L'Harmattan Italie
Via degli Artisti, 15
10124 Torino
harmattan.italia@gmail.com

L'Harmattan Hongrie
Kossuth l. u. 14-16.
1053 Budapest
harmattan@harmattan.hu

L'Harmattan Sénégal
10 VDN SICAP AMITIE 3
BP 45034 Dakar-Fann
direction@senharmattan.com

L'Harmattan Cameroun
Tsinga/Derrière polyclinique FECAFOOT
BP 11486 Yaoundé
Jacques.koukam@harmattan.fr

L'Harmattan Burkina Faso
Villa 281, secteur 23 623, rue 14.32
Ouagadougou
zagbie@outlook.fr

L'Harmattan Guinée
Almamya, rue KA 028 OKB Agency
BP 3470 Conakry
harmattanguinee@yahoo.fr

L'Harmattan RDC
185, avenue Nyangwe
Commune de Lingwala – Kinshasa
matangilamusadila@yahoo.fr

L'Harmattan Congo
219, avenue Nelson Mandela
BP 2874 Brazzaville
deunovmikhael@gmail.com

L'Harmattan Mali
Immeuble Mgr Jean Marie Cissé
Aci Hamadallaye
BP 145 Bamako
syllaka@yahoo.fr

L'Harmattan Togo
Djidjole – Maison Amela
face EPP BATOME
02 BP 20680 Lomé
didieramela11@gmail.com

L'Harmattan Côte d'Ivoire
Résidence Karl – Cité des Arts
Abidjan-Cocody
03 BP 1588 Abidjan
harmattan.ivoire@gmail.com

L'Harmattan Bénin
Rue 604, (Immeuble à l'entrée
de la rue UCAO- Cite de Saint-Jean)
Cotonou
stepcorpus@gmail.com

Nos librairies en France

Librairie internationale
16, rue des Écoles
75005 Paris
librairie.internationale@harmattan.fr
01 40 46 79 11
www.librairieharmattan.com

Librairie des savoirs
21, rue des Écoles
75005 Paris
librairie.sh@harmattan.fr
01 46 34 13 71
www.librairieharmattansh.com